五育融合

重构劳动教育

宁本涛　著

上海科技教育出版社

图书在版编目(CIP)数据

五育融合:重构劳动教育/宁本涛著.—上海:上海科技教育出版社,2024.7
ISBN 978-7-5428-8091-8

Ⅰ.①五⋯ Ⅱ.①宁⋯ Ⅲ.①劳动教育—教育研究—中小学 Ⅳ.①G633-932

中国版本图书馆CIP数据核字(2024)第006234号

责任编辑 时雪草
装帧设计 符 劼

五育融合:重构劳动教育

宁本涛 著

出版发行	上海科技教育出版社有限公司
	(上海市闵行区号景路159弄A座8楼 邮政编码201101)
网　址	www.sste.com　www.ewen.co
经　销	各地新华书店
印　刷	常熟市华顺印刷有限公司
开　本	720×1000　1/16
印　张	7
版　次	2024年7月第1版
印　次	2024年7月第1次印刷
书　号	ISBN 978-7-5428-8091-8/G·4804
定　价	35.00元

目　录

第一章　新中国成立以来我国劳动教育实践历程 /1
一、模仿期——学习苏联模式 /2
二、探索期——探索自身道路 /2
三、迷失期——绝对去西方化 /3
四、推进期——开辟中国模式，形成中国特色 /4
五、深化期——初步建立新时代素养导向的劳动教育价值体系 /5

第二章　新时代高质量劳动教育的要求及现状 /7
一、新时代高质量劳动教育的内涵辨析 /8
二、新时代高质量劳动教育的学科定位 /10
三、新时代高质量劳动教育的价值追问 /12
四、中小学劳动教育实施现状调查——基于六省(市)的数据分析 /14

第三章　五育融合的提出及具身型劳动教育范式的意涵 /23
一、五育融合提出的历史逻辑 /24
二、五育融合生成的人本哲学逻辑 /26
三、离身劳动教育的几个认识误区 /30
四、五育融合式具身型劳动教育如何有效落地 /33

第四章　重塑新时代具身型劳动教育范式的几个关键问题 /43

一、处理好具身型劳动教育内生与外生、内化与外化关系 /44

二、处理好具身型劳动教育的本源性与经济性、教育性价值的协同关系 /45

三、处理好具身型劳动教育中教育者与受教育者、他塑与内塑的关系 /46

四、处理好具身型劳动教育中"劳身"和"劳心"的关系 /48

五、内卷化视域下农村学生也需加强具身型劳动教育 /52

第五章　《义务教育劳动课程标准(2022年版)》解读 /56

一、"新"在鲜明的理念 /57

二、"新"在对学生劳动素养的聚焦培养 /57

三、"新"在因地制宜的多元教学内容和指导 /58

四、"新"在儿童成长立场的具身型劳育课程真评价体系 /59

第六章　走出大学生具身型劳动教育的"两难"困境 /64

一、大学生劳动教育"两难"困境的后果 /65

二、大学生劳动教育"两难"困境的原因分析 /66

三、新时代大学生具身型劳动教育的创新路径 /68

第七章　师范生劳动素养测评及其影响因素分析 /72

一、问题的提出 /73

二、文献回顾 /73

三、研究设计与过程 /74

四、结论与对策 /81

附录　郑州市管城回族区南曹小学"乐享耕读"具身型劳动课程体系开发 /86

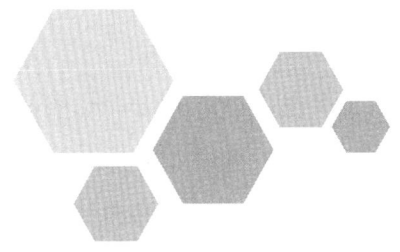

第一章
新中国成立以来我国劳动教育实践历程

中国古代倡导"耕读传家",耕读结合的价值取向彰显了劳动教育的重要地位,六艺之中的"射""御"与劳动相互促进,儒家所体现出的坚韧不拔、自强不息、文武兼备等精神也与劳动精神密切相关。新中国成立后,"教育与生产劳动相结合"在很长一段历史时期内成为国家教育方针。我国劳动教育实践经历了七十余年的实施、锤炼与积淀,经历了模仿期、探索期、迷失期、推进期和深化期等五个重要阶段。

一、模仿期——学习苏联模式

新中国成立之初,百废待兴,加之缺乏社会主义办学经验,除总结已有的优秀教育经验外,向当时已有近30年建国经验的苏联学习势在必行。1949年12月,中国人民大学提出"教学与实际联系,苏联经验与中国情况相结合"。1954年4月,《关于全国俄文教学工作的指示》提出"加强俄文教学工作,培养和提高俄文干部",对学习苏联先进科学知识和经验以及推动我国建设工作具有重大意义。自1953年开始,普通中小学根据"整顿巩固,重点发展,提高质量,稳步前进"的方针,参照苏联经验,改进了中小学教育。可见,该阶段我国教育发展主要表现在学习苏联各级学校如何运用马克思列宁主义的立场、观点、方法来指导教学和科学研究工作,以及在教育制度、教育内容等方面的成功经验。

全面学习苏联的教育经验既有积极影响也有消极影响。积极影响在于,因学习苏联经验而进行的教育教学改革,对提高当时的教育教学质量起到了积极作用。消极影响在于,在指导思想上片面强调学习苏联模式,这阻碍了对其他国家先进教育经验的吸收;忽视英语的学习造成了诸多弊端;学习苏联的重理轻文引起了后来教育上严重的功利主义倾向;机械照搬外来经验而没有考虑国内的师资水平、地区特点、学生实际需求等问题,使教育工作脱离实践、智育至上、脱离劳动。

二、探索期——探索自身道路

随着我国教育的不断发展,入学人数激增,中小学升学与就业成为一个突出的问题。1954年,全国约209万名小学毕业生不能升学,约占小学毕业生的63%,约23万名初中毕业生无法升学,约占初中生的60%。这些毕业生需要步入社会,参加劳动生产,但是当时轻视体力劳动和劳动者的思想仍普遍存在,部分毕业生不愿成为劳动者,对无法如愿升学产生不满。在此背景下,针对忽视劳动教育、轻视体力劳动及劳动者的现象,国家颁布了一系列文件,提出要加强劳动教育,提高生产技术水平。1957年,全国约80%的初中毕业生无法继续升学。1958年9月,中共中央、国务院发布了《关于教育工作的指示》,对过去照搬苏联模式、教育脱离生产劳动的现象进行了批评,提出要克服教育工作中的右倾思想和教条主义,教育要与生产劳动相结合,培养具有社会主义觉悟的有文化的劳动者。这是党中央首次将教育与生产劳动相结合作为我国的教育方针。

然而,此方针虽然重视了劳动教育,但过分夸大了劳动教育,导致学校盲目停课,投入生产劳动。这种"以劳代学"的做法使学校成为劳动场所,教学秩序被打乱,教育质量下滑。虽然此时期颁布的相关劳动教育政策缺乏对劳动教育的深入思考和对人本身发展的关注,没有处理好教育与劳动的辩证关系,但是对建立与国情相适应的教育制度起到了积极作用,同时标志着我国开始探索适合我国教育事业发展的新路径。

三、迷失期——绝对去西方化

自党中央确定劳动与教育相结合的教育方针以后,我国关于教育方针的规定很长一段历史时期都没有太大的变化,但是,受极"左"思想的干扰,这一方针没有得到正确实施,劳动教育与阶级斗争相结合成为当时的劳动教育思想,劳动教育成为阶级斗争的工具;各个学校先后停课,师生参加政治运动;批判和取消高等院校的招生考试制度,否定在高中应届毕业生中招生的必要性。从1966年起,高等院校完全停止考试招生达6年之久。1970年,北京大学、清华大学开始试点招生,要求考生具有3年以上劳动实践经验。尽管在招生条件中对考生文化水平也进行了相应的要求,但并不进行文化科目考试,这使得对考生的评定标准具有极强的主观性。1972年,对北京11所高校的调查显示,高中文化水平的学生仅占20%,初中文化水平的学生占60%,20%的学生仅有小学文化水平。后来发展为只要是有劳动经验的工农兵,不论文化程度、年龄,皆可升入大学。

在美国致力于向全球推广现代化理论观点,以代替马克思主义的背景下,"去西方化"表明了中国自我肯定以及探寻自身道路的决心,展现了中国为之所付出的努力与艰辛,同时也显示出中国在自我探索道路上所经历的曲折。由于极左思想的影响,"去西方化"逐步走向了"绝对去西方化"的极端。

这些做法虽然客观上对人的劳动习惯、劳动技能、生产实践体验有一定的正向作用,但依然违背了教育规律,异化了劳动教育价值,影响了人才的培养,严重阻碍了我国教育事业的发展。其一,劳动教育成为阶级斗争的工具。学生通过参加生产劳动接受阶级教育,劳动成为惩罚知识分子的工具。其二,劳育、德育和智育的相互关系被割裂。片面强调道德教育与劳动教育,将劳动实践与文化知识对立,把有文化的劳动者称为"资产阶级知识分子"。其三,劳动及劳动教育的价值被无限拔高。对文化考查制度进行大肆批判,以改革招生制度为由,取消招生考试制度,代之以推荐制,将劳动实践作为招生标准。

四、推进期——开辟中国模式,形成中国特色

随着改革开放的不断推进,教育的重要性越来越凸显。我国逐步实现了从计划经济体制到社会主义市场经济体制的转变,以经济建设为中心的基本路线、科教兴国战略逐渐形成。1981年6月,党的十一届六中全会通过了《关于建国以来党的若干历史问题的决议》,提出了"知识分子与工人农民相结合、脑力劳动与体力劳动相结合"的教育方针。1984年10月至1985年5月,党中央先后颁布了关于经济、科学、教育三大领域的改革决议案,指出要以经济建设为中心,科学、教育为两翼,带动中国各项事业的发展。随着职业技术教育的发展,农村中等教育结构的变化,这一时期,我国中等教育层次、类型结构开始多样化发展,劳动教育逐渐分化为劳动思想教育和劳动技术教育。1984年10月

20日,《中共中央关于经济体制改革的决定》的"经济宣言"给中国的政治、经济、教育等各个方面带来了重大的影响,国家对经济发展越来越重视。2002年11月,党的十六大报告提出要造就数以亿计的高素质劳动者、数以千万计的专门人才和一大批拔尖创新人才。可见,随着对经济发展的重视,教育投资成了最能为国家和社会带来效益的投资,劳动教育同样服务于经济建设、社会发展以及现代化进程。

党的十一届三中全会抛弃了"以阶级斗争为纲"的错误路线,确定了社会主义现代化建设的思想。随后,教育部召开会议,对三十年来的教育经验进行总结,提出教育要落实到培养什么人这个根本问题上,坚持真理,修正错误,找出适合我国发展的新路径;在20世纪80年代后期,提出素质教育的思想,对素质与教育、人才素质、劳动者素质等问题进行了探讨与研究。由于国家侧重经济发展,在具体的教育实践上片面强调劳动教育的人力资本价值,相对忽视了劳动教育内在的育人价值,教育的功利性倾向被进一步强化。

五、深化期——初步建立新时代素养导向的劳动教育价值体系

随着时代的进步和科学技术的不断发展,学生需要具备更高的综合素质以及更加复杂的实践能力。这对劳动教育提出了新的要求。2013年4月,习近平总书记同全国劳动模范代表座谈时强调"一勤天下无难事",充分肯定了劳动实践的积极意义。2014年9月,国务院印发《关于深化考试招生制度改革的实施意见》,指出应对高中学生综合素质评价进行规范,把劳动实践与科学知识纳入学生评价指标。2015年7月,教育部、共青团中央、全国少工委印发《关于加强中小学劳动教育的意见》,提出"充分发挥劳动综合育人功能,以劳树德、以劳增智、以劳强体、以劳育美、以劳创新,促进学生德智体美劳全面发展",肯定了劳动教育的教育全属性及内在价值。2018年9月10日,习近平总书记在

五育融合：重构劳动教育

全国教育大会上的讲话中指出，"要在学生中弘扬劳动精神，教育引导学生崇尚劳动、尊重劳动，懂得劳动最光荣、劳动最崇高、劳动最伟大、劳动最美丽的道理，长大后能够辛勤劳动、诚实劳动、创造性劳动"。2019年6月，中共中央、国务院印发的《关于深化教育教学改革全面提高义务教育质量的意见》，对坚持五育并举、加强劳动教育、深化素质教育、培养全面发展人才提出了更为具体、全面的要求。

马克思曾明确指出，劳动不仅是一种谋生的需要，更是人称之为人的本质需要。劳动是价值之源泉，如果劳动及劳动教育价值不能被正确思考和定义，大众的劳动观念没有被正确引导，就会出现劳动产品与劳动者、人同自己的类本质、人与人之间的异化。随着社会的不断发展和进步，教育开始转向对人的关注，从"功能主义"向"人文主义"转变，思考如何促进人的自由而全面的发展，劳动教育的内在价值越来越受到重视。建立新时代中国特色社会主义劳动教育价值体系，既体现了劳动教育之于"培养社会主义建设者和接班人"的社会功能，也彰显了劳动教育之于五育所具有的促进性、融通性的内在价值，实现了促进社会进步的外在价值与人的全面发展的内在价值的辩证统一。"以劳树德、以劳增智、以劳强体、以劳育美、以劳创新"不仅是新时代中国特色社会主义劳动教育的重要特征，更是对新中国成立以来劳动教育实践经验和话语体系的深刻总结，劳动教育的价值开始从"工具价值"走向社会价值与自身价值相结合的素养导向的"存在价值"。

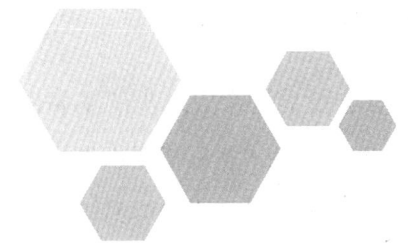

第二章
新时代高质量劳动教育的要求及现状

当今世界,国际竞争的焦点是经济、科技的竞争,人才是国际竞争力强弱的关键因素。谁拥有高素质、全面发展的人才,谁就拥有未来经济、科技发展的主动权。因而,对人才的培养及其发展规律的探索,成为国内外学者关注的焦点。

劳动教育无疑是培养全面发展之人的重要内容,那么,当前我国大中小学劳动教育理论与实践的现状及困境是什么?劳动课程建设与教学实施的价值目标定位如何?青少年学生自身对新时代劳动教育的发展需要和期待是什么?面向未来的终身劳动教育制度体系范式应该如何构建与实施?……针对现有文献存在的劳动教育研究角度单一、研究内容片面、研究方法陈旧等问题,本章通过实地调研、问卷调查、深度访谈和分析各培养主体对劳动教育的态度及利益诉求,对以上问题进行了深入分析和探讨,尝试建立一种与时俱进的终身发展趋向的新劳动教育体系。

一、新时代高质量劳动教育的内涵辨析

当我们谈论劳动教育的基本内涵及其对社会发展和个人进步的重要性时,往往重视的是口号式的德性教育规训力度,而非从切身实际需要出发的基于学生具身体验和终身发展的、内含多种教育意蕴的"生活劳育",容易将劳动教育引向难以真正落实的方向。新时代劳动教育应是以"新时代终身劳动"为载体的教育,应更加关注劳动与教育的互动过程,以及由此生成的创造劳动价值与全面教育价值,恪守知行互成、学创结合、尊重学生自主选择权利的劳动教育伦理原则,实现以劳树德、以劳增智、以劳强体、以劳育美和以劳创新的"以劳促全"综合素养培养旨归,促进他们将来走向社会时,能有效利用在劳动教育中所获的真知和能力丰富自我,塑造世界,并在此过程中成就美好人生。

就劳动教育内涵研究而言,从内容维度和时间维度大致可以划分为两大流派。一种流派提出新时代劳动教育要基于其专业性特征,顺应信息化潮流,以技能教育的短期劳动教育为主。如有学者提出,劳动教育应该与社会变革同步,聚焦于培养核心技能和劳动能力。第二种则认为劳动教育要更侧重于价值观培养的德性劳动教育。如有研究者提出,"劳动教育的本质目标是提高劳动素养与培养劳动价值观";还有学者提出,当前的劳动教育要更注重劳动观念的转变,让学生意识到"有教无类""知行合一"比单纯教学生动手技巧更重要。

厘清新时代终身劳动教育的基本内涵和价值,首先要明晰劳动和教育这一对复杂范畴的基本含义。劳动这一概念随不同的社会背景历经各种演化并呈现出丰富的样态,东西方词源学中的劳动都隐含某种强迫性的体力行为。到了18世纪启蒙时期,劳动的内涵才逐步从体力劳动中解放出来,扩展至智力和情感层面。黑格尔在历史上首次提出必须消解劳动与创造活动对立的哲学思想,马克思深受黑格尔的影响,对劳动的教育价值加以高度肯定,认为劳动具有桥接社会与人的重大作用,并创造性地提出将物质生产劳动而不是物质

作为世界本体概念,并倡导马克思主义者要学会在主体与客体的互动中把握世界和改造世界。世界作为物质生产劳动的对象,既具有客观性又具有主观性,既具有能动性又具有确定性。马克思说:"对于社会主义的人来说,整个所谓世界的历史不外是人通过人的劳动而诞生的过程……"[1]

随着科学技术持续发展,社会生产方式变革,劳动生产效率提高,劳动的方式发生了巨大的变化。社会物质极大丰富,家庭消费能力增强,个人闲暇时间增多,但生产力的提高尚未带来人的全面、自由的发展,却已引发了一系列不珍惜劳动成果、不想劳动、不会劳动,更不会创造性劳动的"未富先衰"青少年问题。

21世纪技能和核心素养培养框架也充分显明,未来社会依赖于知识创新的复杂性,创造性劳动正逐渐取代简单、重复性劳动,并呈现稳健增长的态势。人工智能时代"数字劳动"更是突飞猛进,倒逼大中小学劳动教育突破传统认知,整合各种各样的劳动教育资源,更加注重学生创造性思维和问题解决能力的综合劳动素养的培养,融合劳动教育范式呼之欲出。其实,德、智、体、美、劳五育并举中的哪一种教育,都离不开人的实际发展需求的第一要义。同时,我们也应该明晰,劳动教育本身也产生于时代背景中人的具体需要。因此,在制定教育政策或实施教育方案的过程中,应始终将人的发展需求、教育利益诉求等放在首要位置加以考虑,否则很容易落入抽象的实施框架"泥沼"中而寸步难行,也无法让劳动教育的重要性深入人心,难以让劳动教育成就学生幸福的人生。

新时代高质量劳动教育范式,顾名思义,是以"新时代劳动"为载体的教育,其核心要旨始终应关注新时代劳动与教育的互动过程,以及由互动生成的创造性劳动价值与全面教育价值。新时代高质量劳动教育的本质内涵,并不

---

[1] 卡尔·马克思,弗里德里希·恩格斯. 马克思恩格斯文集[M]. 中共中央马克思恩格斯列宁斯大林作编译局,编译. 北京:人民出版社,2009.

狭隘地指向体力劳动或直接的生产劳动,而是包括体力劳动与物质生产劳动在内的具有教育性和属人性的多种多样的实践活动。在家庭生活之中体现为自理、自立的独立生活活动,在职业生活中体现为通过自己力所能及的各种劳动获取物质生活资料的活动,在社会生活中体现为丰富多样的为社会作出应有贡献的公益性活动,在通识和专业学习中体现为与具体的学科知识相联系的实践的、能够化知识为能力与智慧的活动。

劳动生产转向劳动创造是时代发展的必然趋势,重构具身型劳动教育范式的重要性不言而喻。新时代的创造性劳动教育归根结底呼应全面发展的人才培养诉求,符合教劳结合、学创结合,凸显学生主体性和自主选择权的劳动教育原则。

二、新时代高质量劳动教育的学科定位

关于劳动教育学科定位的研究,见仁见智,歧见纷呈,概括而言分为两类观点。第一类观点提倡五育并举的理念,认为劳动教育是促进全面发展的重要部分,是独立的"一育"。第二类观点主张劳动教育无需单列,可归属于其他"四育"。其中具有代表性的观点有三种:其一,主张劳动教育应该归属德育,如认为劳动教育是培养学生勤劳品德的教育,其教育目标在于培养学生的劳动态度、习惯和情感,因而归属德育范畴。其二,认为劳动教育隶属于智育。其三,将劳动教育看作德智综合体,大部分学者持这一观点。他们认为劳动教育主要包括劳动观教育和劳动技术教育,前者与德育密切相关,涵盖劳动习惯、劳动态度,后者与智育相关,主要包括劳动知识与劳动技能。据此推之,劳动教育兼具德育与智育的双重属性。

上述关于劳动教育的学科定位分歧不下的根本原因在于,对劳动教育独特性以及劳育与其他"四育"的复杂辩证关系的认识发生错位。而劳动教育的属性决定了劳动课程要融入日常生活,更要转型升维,真正协调好劳动教育的

过去与未来、传承与创新、工具理性与价值理性的价值统一，切忌非此即彼，"就劳动谈劳动"或"就教育谈教育"。

2020年3月20日，中共中央、国务院发布《关于全面加强新时代大中小学劳动教育的意见》（以下简称《意见》），指出当前劳动教育"把握育人导向""遵循教育规律""体现时代特征""强化综合实施""坚持因地制宜"五项基本原则，提出"全面构建体现时代特征的劳动教育体系"，指出劳动教育"是学生成长的必要途径，具有树德、增智、强体、育美的综合育人价值。实施劳动教育重点是在系统的文化知识之外，有目的、有计划地组织学生参加日常生活劳动、生产劳动和服务性劳动，让学生动手实践、出力流汗，接受锻炼、磨炼意志，培养学生正确劳动价值观和良好劳动品质"。因此，笔者赞同，劳动教育不仅在于"出大力，流大汗"的体力劳动体验上，而且还要以学生为主要培养对象，致力于培养学生个体的劳动价值观和劳动品质，是一门体验性、实操性极强的科目[1]。另外，2022年3月25日，教育部正式印发《义务教育课程方案（2022年版）》，将劳动从原来的综合实践活动课程中完全独立出来，成为一门必修课程，同时发布了《义务教育劳动课程标准（2022年版）》。课程方案要求劳动课程每周均不少于1课时，用于活动策划、技能指导、练习实践、总结交流等。课程标准在课程内容上共设置十个任务群，每个任务群由若干项目组成。比如，日常生活劳动包括清洁与卫生、整理与收纳、烹饪与营养、家用器具使用与维护四个任务群，生产劳动包括农业生产劳动、传统工艺制作、工业生产劳动、新技术体验与应用四个任务群等。同时，劳育课程注重评价内容多维、评价方法多样、评价主体多元。

我们认为，明确劳动教育的学科课程定位不仅必要，而且极为迫切。它不仅培养学生的身体资本和人力资本，更关注核心素养下学生社会资本和文化

---

[1] 周美云.轨迹·焦点·走向：劳动教育研究七十年[J].当代教育论坛,2020(3):106-113.

资本的积累。理由如下:其一,给劳动教育提供更大的开放性和发展空间,进一步提升学生的实践能力,增强创新意识。劳动课标发布之前,劳动教育列在综合实践活动课程中。这一做法的初衷是好的,然而遗憾的是,在具体落实过程中,因为学科定位和评价体系的缺失,使劳动课程一度处于被综合实践活动取代的尴尬境地,某种程度上,这是我国劳动课程建设上的严重损失。其二,综合实践活动更倾向于教学理念,缺乏课程本体概念,而劳动教育的独立性、综合性特征决定了其学科概念和学科课程的地位。

质言之,对高质量劳动教育课程内容的设计,除了因地制宜,还必须充分考虑人工智能时代对个人劳动的新需求,以及经济发展趋势、技术发展要求等对人从事新劳动的期望,由此来引导每个学生的劳动教育内容,有针对性、计划性和指导性地将学生个体的劳动成果和社会发展需求统一起来。这样才能有效激发每个学生参与社会劳动教育的热情,并使学生在劳动教育过程中获得更强烈的个体存在感和社会归属感,真正将每个学生的劳动教育利益诉求落实到其劳动过程和劳动成果中。

三、新时代高质量劳动教育的价值追问

知识的商品化和数字化、劳动产权保护的复杂性,使得劳动及劳动教育的价值和意义发生了变化。如何联系马克思主义理论去探讨和解决今日劳动教育价值定位问题,是劳动教育学所亟待探讨的。马克思生产劳动理论和劳动力价值理论或许能给我们带来根本性启发。

首先,根据马克思生产劳动理论,劳动是创造价值的唯一源泉。这可从三个方面进行阐述:其一,从简单生产劳动意义上考察,生产劳动是直接生产使用价值的物质生产劳动。其二,从生产关系上考察,只有直接生产剩余价值的劳动才是生产劳动。一个教员只有当他不仅训练孩子的头脑,而且还为校董的发财致富劳碌时,才是生产工人。其三,从扩大了的概念上考察,随着生产

力的发展和科学技术的进步,劳动者远离劳动对象,但却是物质生产劳动的参与者,如工程师、管理人员、职业收纳师等,也属于生产劳动者的范畴。

其次,马克思生产劳动理论认为,"教育劳动"这种"非生产劳动"具有更大的生产性:从扩大了的生产劳动概念来看,教育是培养各种类型的劳动者。这可以说教育具有间接的生产性质,教育劳动是一种劳务性或服务性的劳动,可以为社会提供特殊的使用价值。教育生产劳动向社会提供的产品主要表现为教师的教育劳务(教学),这是一种具有特殊使用价值的服务性产品,是社会生产不可或缺的有机组成部分。

再次,马克思劳动力价值理论认为,教育会生产劳动能力,主要表现在:第一,教育能改变劳动力的性质,把非熟练劳动力培养为熟练劳动力;第二,教育改变劳动力的形态,从体力形态为主改变为脑力形态为主,从从事简单劳动改变为从事复杂劳动;第三,教育能提升劳动者劳动变换的能力,大工业生产要求劳动者不仅有简单的劳动技能以适应狭小范围内社会生产的需要,还要有良好的科学文化知识和适应社会生产的应变能力。

最后,马克思认为教育或学习是一种复杂劳动,具有较高的经济价值。因为每个劳动者都需要经过一定的专门教育和训练,才能具有一定的劳动技能和知识,这与教育训练程度密切相关。劳动力的劳动复杂程度与教育费用、教育所花费的时间、自身的价值和所创造的价值等都成正比例关系。

综上,毋庸置疑,新时代劳动教育最根本的价值是兼顾劳动教育的"劳动价值"和"教育价值",二者不可偏废。质言之,新时代劳动教育是为人的基本存在和社会发展本身服务的,其价值的实现就必须以具体的人在具体的时代背景中面临的发展需求为出发点,承认具体的个人在劳动教育中的主体价值和主观能动性。从个体的劳动价值创造引向社会集体的劳动教育氛围,这对于当前实施劳动教育有重要的意义。

四、中小学劳动教育实施现状调查——基于六省(市)的数据分析

(一)调查方法

1. 调查工具

华东师范大学基础教育改革与发展研究所五育融合研究中心研究团队使用自主编制的问卷《劳动教育现状调查(学生版)》《劳动教育现状调查(教师版)》《劳动教育现状调查(家长版)》作为本次调查的主要工具。

教师问卷主要包括三个部分:教师基本信息,劳动教育课程体系建设,教师对劳动教育的认知、认可度以及劳动教育期待。

学生问卷主要包括三个部分:学生基本信息,劳动教育课程体系建设,学生对劳动教育的认知、认可度以及劳动教育期待。

家长问卷主要包括三个部分:家长基本信息,劳动教育课程体系建设,家长对劳动教育的认知、认可度以及劳动教育期待。

2. 调查抽样

本次研究依据分层抽样的原则,在上海市、江苏省、河北省、山东省、广东省、重庆市等六个省(市)选取不同学校作为样本,采用向调查对象分享问卷二维码和问卷网址链接的方式发放问卷,调查对象可通过手机或电脑在线填写。本次研究共发放问卷64 420份。

3. 分析方法

研究团队利用SPSS23.0与EXCEL统计分析软件对调查数据进行分析。

(二)样本描述

1. 教师样本

截至2020年5月26日,共发放教师问卷3021份,回收问卷3021份。其中,无效问卷3份,有效问卷3018份。填写问卷的男性教师为834人,女性教师为2184人。

表2-1 教师样本基本信息

学历	人数	比例	所教学段	人数	比例
硕士	317	10.5%	小学	1 257	41.7%
本科	2 462	81.6%	初中	1 341	44.4%
大专	239	7.9%	高中	420	13.9%

2. 学生样本

截至2020年5月26日,共发放学生问卷30 592份,回收问卷30 592份。其中,无效问卷20份,有效问卷共30 572份。填写问卷的男生为15 489人,女生为15 083人。

表2-2 学生样本基本信息

学段	人数	比例
小学	17 027	55.7%
初中	9 230	30.2%
高中	4 315	14.1%

3. 家长样本

截至2020年5月26日,共发放家长问卷30 807份,回收问卷30 807份。其中,有效问卷30 807份。填写问卷的家长的工作类型以企业单位为主,占比53.3%,在事业单位工作或经商的家长次之。

表2-3 家长样本基本信息

工作类型	人数	比例
经商	4 424	14.4%
事业单位	5 107	16.6%
外出务工	3 111	10.1%
企业单位	16 448	53.3%
务农	1 347	4.4%
退休	370	1.2%

(三)调查结果

1. 学生与教师在劳动认知上存在一定差异

对关于劳动观念、劳动意识的调查结果显示,仅有30.1%和21.9%的教师分别认为学生有着极强和较强的劳动观念,47.2%和29.3%的学生分别认为自己的劳动观念极强和较强。

这表明,在劳动认知上,学生与教师之间存在着一定的差异。随着社会的不断进步,科技的不断发展,劳动的内涵不断被丰富和创新。我们在以第三方视角对学生的劳动观念、劳动意识进行评判的同时,也应该关注学生自身对劳动及劳动教育的认知。

2. 学生对劳动教育价值的认识仍需进一步提升

为全面了解学生和教师对劳动价值的认识,研究团队对学生和教师进行了关于"劳动教育对学生未来发展影响"的调查。结果显示,73.9%的教师认为劳动教育对学生未来发展非常有帮助,22.4%的教师认为劳动教育对学生未来发展比较有用,另有3.2%的教师认为劳动教育对学生未来发展的作用一般,仅有0.5%的教师认为劳动教育对学生未来发展并无作用;63.2%的学生认为劳动教育对自己未来发展非常有用,25.2%的学生认为劳动教育对自己未来发展比较有用,9.5%的学生认为劳动教育对自己未来发展作用一般,2.1%的学生认为劳动教育对自己未来发展并无作用。

从以上数据可以看出,尽管绝大多数学生充分肯定了劳动教育对自己未来发展所起的作用(非常认可与较为认可的比例共计88.4%),但仍与教师在此方面态度上有着显著差异(非常认可与较为认可的比例共计96.3%)。

3. 教师、学生、家长均对劳动教育持积极态度

为了深入了解教师、学生、家长对劳动教育的认可度,本次调查设计了一系列认可度调查。调查结果显示,99.3%的教师及98.4%的家长认为学校方面应对学生进行劳动教育,98.1%的学生认为学校有必要开展劳动教育。

99.4%的教师及98.3%的家长认为在学校接受劳动教育后学生解决问题的能力有提升,97.9%的学生认为在学校进行劳动教育后自己解决问题的能力有提升。

对开展劳动教育对学生劳动精神的培养、劳动观念的形成、良好生活习惯的养成、身体素质的提升、学业能力的提高等方面的调查发现,97.0%以上的教师、学生、家长对劳动教育均持积极态度,这为学校未来更顺利、更好地开展劳动教育提供了有力的依据。

4. 学校劳动教育相关体系建设需进一步加强

在劳动教育课程体系建设方面,84.2%的学校开设了基于学校特色的规范的劳动教育课程,而15.8%的学校则没有建设相关规范的劳动教育课程体系。

在劳动实践基地建设方面,27.3%的学校没有建立劳动实践基地,72.7%的学校设立了劳动实践基地。其中,38.2%的学校拥有自有基地,34.5%的学校拥有校外合作基地。

在学校劳动时间的安排方面,分别有7.1%的教师、4.2%的家长及4.8%的学生认为学校目前所安排的劳动时间不够合理。

在劳动教育课程评价方面,分别有23.2%的教师、15.4%的学生认为学校目前的劳动教育评价体系一般,分别有8.9%的教师、4.5%的学生不认可学校目前的劳动教育评价方式。

(四)结果分析

美国当代最杰出的政治学家、美国国家科学院院士罗伯特·帕特南(Robert D. Putnam)强调,参与实践活动最大的益处是软实力的培养及人格的养成。学生在参与实践课程后,表现出更好的平均成绩,更低的青少年犯罪率、辍学率和旷课率,更坚韧的心理素质及更远大的理想,也更加自尊自爱。罗伯特的论述与本次的调研结果具有一定的一致性。针对调查中当前劳动教育所呈现的不足,应从以下四个方面着手加强、深化与落实。

五育融合:重构劳动教育

1. 全面解析学生对劳动的认知,促使其形成基于自身特征的合理的劳动观

德国教育家底特利希·本纳(Dietrich Benner)认为,只有教育者基于受教育者本身的可塑性,主动地对受教育者进行要求,将合理的社会要求转化为受教育者的自我要求,并且当受教育者无需他人引导、教诲就能够自我行动、自我负责时,教育影响才算得上真实有效地发生了。因此,学生劳动观念的强化、劳动意识的提高、劳动精神的培养,关键在于通过教育使外在合理的劳动观与学生原有的观念发生相互作用,形成学生自己的劳动意识与劳动观念。康德(Immanuel Kant)在《什么是启蒙?》中直截了当地说:勇敢地运用理性!只有一个人能够不经他人的引导,自行运用自身理智对事物进行独立的判断并行动时,才称得上脱离"不成熟"状态。康德式的启蒙,在于基于自身理性对事物进行判断,放到劳动教育中,意味着将自身的劳动认知与个人发展进行关联,勇于独立地思考劳动的价值、意义,将之内化为生命的一部分。因此,劳动教育的目的在于通过教育使学生形成基于自身特征的合理、正确的劳动观念,并在各式各样的劳动生产、生活中运用自己的理性力量,进行独立思考、判断。

总之,随着社会生产方式的不断变革,应与时俱进地关注劳动内涵所发生的变化,全面深入了解学生对劳动的认知,基于学生自身的可塑性,通过科学、合理的教育方式,促使学生形成劳动精神、劳动意识,最终使学生获得理性决策、自我行动、自我负责的力量,完成"康德"意义上的劳动教育启蒙。

2. 持续强化对学生劳动观念的正面引导,培养劳动意识和终身劳动精神

学生正处于成长期、可塑期,对很多事物的看法和认知不够深入,社会上消费主义、攀比等不良风气会对学生产生极大的影响,甚至使有些学生陷入物欲的沼泽之中,成为"消费人",将物质的舒适误作生活的活力,将安逸享乐作为奋斗的目标,厌恶劳动、逃避劳动的现象屡见不鲜。艾里希·弗洛姆(Erich

Fromm)对这一现象进行了警示:如果一个人终日思考的是如何逃离劳动生产,如何去占有和消费越来越多的物质以及如何去享乐,那么,当他消费越多,便越会为"物欲"所捆绑,"拜物"行为所导致的后果,就是使人丧失对自身及同类生命的尊重,最终成为贪欲的囚徒而无暇他顾。这种"消费式"的生活方式与马克思所展望的社会主义社会精神背道而驰。这种把逃避劳动、享乐与消费当作生活的目标,认为轻松的生活才有价值的想法是极为危险且不可取的。因为有价值的生活绝对不轻松,享乐确实能够给人带来片刻的欢愉,但是要想得到真正的自由与幸福,需要担负艰巨的使命,激发自身潜能,进行劳动创造与生产创新。弗洛姆指出,在社会主义工业体系中,所要达到的目标不是最高的经济生产力,而是最高的"人的生产力",社会主义生产模式的目的在于最大限度地培养"全能人",而非"消费人",这与我国培养德、智、体、美、劳全面发展的人的育人理念和育人目标相一致。

我们应全面深化学生对劳动的认识,帮助学生形成正确的劳动观,丰富学生的精神世界,使学生对消费至上、享乐主义、拜金主义等"异化"的环境保持警惕,在"物欲"的环境中保持清醒,甄别享乐与真正的自由、幸福之间的差别,肩负起社会使命,激发自身潜能,以正确的劳动观念和劳动态度迎接时代赋予的挑战。

3. 打破学科壁垒,着力进行跨界具身型劳动教育课程体系建设

学校作为教育教学活动发生的主阵地,应充分发挥在劳动教育中的主体作用,建设融合式的规范的劳动课程体系,尊重学生的主体地位,基于学生年龄特征及个性需求设置多样化的实践活动;建设专业的劳动教育教师队伍,给予教师充分的主动权,以在劳动教育过程中发挥自身智慧;建立科学、合理的劳动教育评价机制,及时对劳动教育的过程与成果进行监督和评测,促进劳动教育的改进与完善,从而全方位强化学生劳动意识,提升学生劳动素养。

(1) 建设融合式、规范化的劳动教育课程体系

任何一方面的教育都不可能独立于其他方面单独发生,本纳对此进行过深刻而翔实的探讨,他指出,教育的各个环节都是非等级的,它们之间相互影响、渗透,并且彼此促进。劳动教育也是如此,任何以割裂的眼光去看待德、智、体、美、劳都是极不可取的。因此,在劳动教育课程体系建设上,要注重与其他课程的融合,应摒弃就劳动论劳动的片面思维方式,打破学科壁垒,将劳动教育有机融合德、智、体、美,开发多样化、个性化的劳动课程内容,使劳动教育向其他学科渗透,实现"以劳树德""以劳增智""以劳强体""以劳育美"的目标。

(2) 建设专业的劳动教育教师队伍

目前,从事劳动教育的老师往往承担着其他学科的教学工作,属于"外借"人员,在劳动教育上投入的精力有限且缺乏相关的专业知识,更无暇对劳动教育理念、实践路径的创新与探索,导致劳动教育效果欠佳,难以发挥劳动教育应有的育人价值。因此,在未来劳动教育的开展上,亟待建立一支具有专业素养的劳动教育师资队伍,实现劳动教育的专业化,应让"专业的人做专业的事",使这批具有专业素养的教师队伍能够在具体的劳动教育实践中,持续进行相关理念的探索与创新,充分发挥劳动教育的育人价值。

(3) 建立科学、合理的劳动教育评价机制

劳动教育作为一种具有综合性、实践性的育人课程,不可避免地需要接受成果检验。缺乏评价引领的劳动教育,如同无帆之船,既缺乏行进的方向,也缺失相应的动力。科学、合理的劳动教育评价机制,是对劳动教育过程进行监测、对劳动教育成果进行检验的重要手段,促进教师及其相关部门进行教育教学反思、教育理念探索和教育路径创新的重要方式,促进劳动教育落地生根的重要措施。值得注意的是,劳动教育更多的是对学生情感、态度、价值观的塑造和培养,劳动的育人价值更多地体现在对学生人格及其软实力的培养,因

此，对劳动教育的评价不能仅仅以结果为评价导向，还要注重对劳动过程的评价和增值。鉴于学生的行为、情感体验是动态的，难以以量化的方法和评分的形式来论定，关注点应放到劳动教育的过程上来，以学生的"参与式学习"为中心，以"劳动课程"为载体，对学生的参与度及学习体验进行评测，进行形成性评价、表现性评价。

4. 充分发挥各实践领域教育力量，建立具身型劳动教育多元协同创新实施体系

随着科技的不断进步，人们的生活发生了翻天覆地的变化，在一定程度上，机器取代了人力，智能代替了思考。然而与此同时，人们的幸福感并没有逐步提升。弗洛姆在《健全的社会》中指出，我们现在能够支配的自由时间远远超越前人，却不知道如何使用这些新获得的自由光阴，我们不去思考劳动创造、生产创新，只是设法将这些时间消磨过去，当我们打发掉一天之后，便觉得"心满意足"了。如何改变这一现状，使青少年崇尚劳动、尊重劳动、热爱劳动？本纳对此指出，社会要求能否通过教育被人们接受并践行，不仅受教育领域所制约，还受人类其他实践领域以及极其复杂的社会关系所影响。劳动教育转化能否顺利进行，取决于人类其他实践领域对教育领域存在的问题以及教育措施实施的关注度。劳动教育处于非等级性秩序的中心，需要学校、家庭、政府、企业等所有的社会实践领域、文化领域共同承担教育责任，建立以学校为主体、以政府为引导、以家庭为支撑、以企业为帮扶方的"多元协同"创新实施体系，促使学生成为全面发展的人。

加快加强学校劳动教育体系建设，不仅要关注劳动教育多元化课程设计与实施，还应充分发挥学校主阵地作用，将劳动教育的实施与中国时代精神紧密相扣，与中国当下的实际需求紧密相扣，与青少年的身心健康、未来发展紧密相扣。净化社会不良风气对学生的影响，广泛利用电视、手机、电影等传播媒介力量对劳动理念、劳动精神进行宣传，使劳动在学生心中逐步生根发芽；

五育融合：重构劳动教育

增强学生的甄别能力，培养其独立精神、独立意识，防止学生陷入"群体无意识"的误区；持续强化社会主义社会的意识形态，使学生在良好的社会氛围中获得成长，在潜移默化中取得进步。充分利用政府的主导力量，加大劳动教育经费投入，资助启迪学生智慧、提高学生劳动素养的节目制作，时刻警惕并防止社会整体的"最优化"消费性格滑向"最大化"消费性格。注重发挥家庭教育的力量，使劳动教育渗透到日常生活的各个方面，如开展"家庭劳动日"，在共同的劳动中体验劳动的快乐，同时使家庭氛围更加融洽、和谐；鼓励学生寻找自己喜欢的劳动方式，肯定学生的个性，并使之得到充分的发展。引进企业力量使其肩负起应有的社会责任，将服务对象纵向延伸到教育的各个阶段，与学校建立合作共赢的关系，充分利用政府经费以及企业自身力量，建立符合学生年龄特征的多样化劳动教育实践基地，开发多种劳动教育资源，使学生在具体的劳动实践中发现并发展自己的兴趣爱好，获得劳动技能，树立正确的劳动价值观，拥有系统的自我规划能力、清晰的自我认识、良好的身心素质、独立思考的精神，为学生日后步入社会进行职业选择、进行劳动生产打下坚实的基础。

一个国家最美的风景，就是积极进取、不断创造与创新的劳动者。我们所要开展的劳动教育，要培养学生正确的劳动观念、劳动意识，激励和帮助学生开发作为人的所有潜能，促进学生全面发展，让学生在劳动实践及未来的职业工作生活中切实感受到劳动乐趣，使其幸福劳动、快乐劳动、崇尚劳动、尊重劳动。真正有意义的劳动教育要让教师和学生都形成这样的价值观——劳动不仅是一种谋生手段，还是人的第一需求。

第三章
五育融合的提出及具身型劳动教育范式的意涵

育人是教育的根本目的。"育"关系方式、方法,"人"关系方位、方向,"育人"内在包含着"如何育人"与"育什么人"两大核心问题。"育"有"物的方式"与"人的方式"之分,而"人"相应地有"片面(发展)的人"与"全面(发展)的人"之别。在"育什么人"已明确的前提下,"如何育人"成为亟须考察和反思的问题。在此背景下,"五育融合"应运而生,在把握育人方向(即"五育"全面发展)的前提下,对育人方式(即"融合")进行了回应。当前,研究者对五育融合的学理基础、历史渊源、内涵特征、价值意蕴、实践路径进行了一系列探索,形成了丰硕的研究成果。但也可以看出研究观点不一,尤其是对五育融合内涵特征的解读有待达成共识,五育、五育并举、五育融合何以成立,有何关系,又有何不同,有待进一步探讨;五育融合是实践的理论还是理论的实践,有何理论与实践指向,有待进一步确认。因此,亟须从基本逻辑及其实践路径维度,加强对融合劳动教育之五育融合理论基础的探讨。

一、五育融合提出的历史逻辑

时代是教育的出卷人,教育者是答卷人,人民群众才是最终的阅卷人。五育融合孕育于教育共同发展的历史进程之中,折射出了我国教育方针的演变轨迹。

(一)我国育人方针的早期探索

从严复提出体智德"三育并重",到王国维提出智德体美"四育并行",再到蔡元培提出军国民、实利主义、公民道德、世界观、美感"五育并举",体现出对全面发展的教育规律的本土时代探索。马克思主义进入中国后,具有中国特色的马克思主义教育理论在实践中萌芽。1930年,杨贤江在《新教育大纲》中畅想了"教育与劳动相结合"的国民教育体系。1934年,毛泽东在第二次全国工农兵苏维埃代表大会上提出了"教育与劳动联系起来""使广大中国民众都成为享受文明幸福的人"的教育总方针。1945年,毛泽东在《论联合政府》中进一步提出国民教育的宗旨是"建立民族的、科学的、人民大众的新教育"。可见,民主主义革命时期的教育是以人本价值为导向,以人的全面幸福发展为最高价值。

(二)我国育人方针的曲折前行

新中国成立伊始,国家急需具有一定文化水平的建设者,教育的工具价值凸显。1949年,《中国人民政治协商会议共同纲领》将教育工作定位于"提高人民文化水平,培养国家建设人才"。1957年,毛泽东提出使受教育者德智体等方面"都得到发展",成为有社会主义觉悟的有文化的劳动者,明确了育人方向。1958年,《中共中央、国务院关于教育工作的指示》强调教育为无产阶级的政治服务,教育与生产劳动相结合。在"文化大革命"时期,教育工作受到重大影响,沦为阶级斗争的工具,教育在曲折中前行。

（三）我国育人方针的发展深化

改革开放至今，教育为社会主义现代化建设服务的定位逐步明确，教育的育人本质愈加明显。邓小平在1978年全国教育工作会议上提出培养"专心致志地为人民积极工作的劳动者"，在1980年提出"四有"（有理想、有道德、有文化、有纪律），在1983年提出"三个面向"（教育要面向现代化，面向世界，面向未来）。1995年，《中华人民共和国教育法》公布，明确规定"教育必须为社会主义现代化建设服务，必须与生产劳动相结合，培养德智体等方面全面发展的社会主义事业的建设者和接班人"。1999年，在全国教育工作会议上，"美育"加入德智体培养体系。2007年，党的十七大报告明确指出，"要坚持育人为本、德育为先，实施素质教育，提高教育现代化水平，培养德智体美全面发展的社会主义建设者和接班人，办好人民满意的教育"。党的十八大以来，中国特色社会主义进入新时代，"立德树人"成为教育的根本任务。2018年，在全国教育大会上，"劳动教育"加入德智体美培养体系，教育更加关注人的全面自由发展。

可见，"五育融合"产生于具体的历史条件和情境下，落地于一系列政策文本之中。从"三育"到"四育"再到"五育"的演变历程，彰显了社会主义现代化建设对"人"提出的时代要求和育人方向。指向五种能力或五个维度的五育，是核心素养、关键能力的本源，是对品德、智慧、体能、审美、劳动的赋权增能，是品德发展、学业发展、身心健康、审美爱好、劳动品格的具体体现。五育融合是迈向共产主义社会教育理想的时代表达，是新时代中国特色社会主义育人方式的本土探索。它的提出，首先意味着对"培养什么人""为谁培养人"的价值认同，彰显了我国社会主义的教育性质，体现了促进人的全面发展的内在要求；其次是对"怎样培养人"的时代应答，是新时代中国特色社会主义教育事业发展的行动指南。"五育"在"融合"的育人实践中产生，"五育"之间的逻辑关联、整体架构和不可分割性，为育人带来了更多的实践可能性和探索空间。因此，"努力构建德智体美劳全面培养的教育体系"，建立"立德树人"的教育话语体系,坚持中国特色社会主义教育发展道路,是一条走向融合育人的新时代教育实践之路。

二、五育融合生成的人本哲学逻辑

(一)社会分工使人变成"片面的人"

人的全面发展是马克思、恩格斯致力于解答的核心议题。全面发展是针对旧式分工下人的片面发展而提出的。马克思、恩格斯将人的片面发展和异化归因于旧式分工。分工是一个历史范畴,是人类社会特有的现象。自然分工是自发地产生和形成的,并随着生产力的不断提升而逐渐被社会分工所取代,从而实现从自然分工向社会分工的转变。分工的形成以早期人类历史上三次社会大分工的完成为节点,以物质劳动和精神劳动的分离为标志。

分工是一把双刃剑。一方面,生产力的发展、生产关系的进步、所有制形式的更迭与分工之间有着必然联系,分工的发展是人类最终走进自由全面发展的共产主义的必经之途。另一方面,伴随着工业社会的变革,越来越细的分工"产生职业的痴呆",虽然大工业生产客观要求人的全面发展,但是随着人对单一、机械的劳动的依赖不断加深,只能成为劳动的附属品;为了适应某个分工模块或生产部门,人进行着相应的训练,只能"受它束缚,听它剥削",在这种模式下,劳动者失去了掌握其他知识和能力的条件与动力,陷入片面化的困境。

劳动能力片面化导致人的发展片面化。在分工的支配下,人被束缚在自己构筑起的高墙之内,成为"缩小的人"。在马克思看来,人的片面发展的消失,人的自由全面发展的共产主义美好愿景的实现,有赖于生产力的发展、生产关系的进步、旧式分工的消灭,以及私有制的消亡。消除这种强制的、片面的旧式分工,抛弃人的智力和体力畸形的、片面的发展,将人从旧式分工之中解放出来,摒除异化劳动,跟着自己的意愿从事劳动,真正实现劳动转换,发展自己的天赋和爱好,是实现人的全面发展的必要条件。

(二)"物的方式"的教育加速"片面的人"的产生

马克思认为,人的发展经历着从"人的依赖关系"到"以物的依赖性为基础的人的独立性"再到"人的自由而全面发展"三个历史阶段。在当前的"以物的依赖性为基础的人的独立性"阶段,生产、消费、交往等领域受到全面操控,资本取代具有生命的、活动的人,具备了"独立性和个性",人的地位的获得依赖于外在物,人的所谓的独立性也并非真正的自由个性,人们普遍处于物化的现实之中。

在物化的现实中,复杂的真实社会被简化为简单的片面社会,"物的占有"取代人的发展,人的教育以"物的方式"呈现。物的育人方式以培养"经济人"为逻辑起点,关注投资、收益、风险,教育对象作为人力资本而存在。"经济人"是由工具理性所支配的人,财产、资本等外在物裹挟着人的发展,资源的占有被视为终极标准,导致人与自然、他人、自身的关系处于异化状态。如果说19世纪的问题是"上帝死了",那么,"人死了"则是20世纪以来资本社会中人的全面异化所带来的跨世纪难题。

"物的方式"的教育是占有的教育。由于资本的稀缺属性,人力资本框架下的功利主义教育必然导致竞争。教育以智力训练为核心,以评价为目的,"考试主义"大行其道。教育评价重"五唯",轻"五维",教育筛选出少数能够享有优厚收益的"优胜者",多数人在注定失败的竞争中"泯然众人"。全面的竞争导致焦虑盛行,崇尚效率的功利主义蔚然成风,个人"美好前景"成为文理选科、专业选择的核心因素,学校沦为"职业养成所"。"黄金屋"的憧憬、"起跑线"的焦虑,以及被分流到"二流""三流""不入流"职业教育的"恐惧",导致教育的全面竞争化,社会陷入群体性迷失。当物质享受和享乐主义成为目的,教育也将失去传统的合法性。脱离了育人的根本目的,培养出的只能是"缩小的人""片面的人"。

(三)造就自由而全面发展的人呼唤"五育融合"式劳动教育

造就全面而自由发展的人需要新的世界观和方法论。马克思基于唯物史观提出,生产劳动同智育和体育相结合,不仅是提高社会生产的一种方法,而且是造就全面发展的人的唯一方法。教育与生产劳动相结合能够使人摆脱分工所造成的人的片面性,是促进人的自由而全面发展的必要条件。

质言之,培养自由而全面发展的人是教育的使命。人的自由而全面的发展,需要育人方式的转变,需要一种"人的"而非"物的"育人方式。这两种育人方式有着本质的不同。人是教育的对象,"使人成为人"是教育的根本目的。"人的"育人方式突破片面发展,指向自由而全面的发展,"育以成人"是这种育人方式的价值与底色。"人的"育人方式以人为出发点和归宿,从"物的"逻辑走向"人的"逻辑,否认并避免教育的"物化"。"人的方式"的教育是正确把握人的全面发展的事理和旨趣的育人方式,它承认人是有生命的个体存在,尊重人的生命的独特价值,秉持完整的生命价值取向,通过与劳动相结合培养自由而全面发展的生命主体,反对人与自身的分离,追求人与自身的统一。

"人是自身目的,不是工具。"以人为目的而非手段,突出人的主体性、全面性、自由性。"物的方式"的教育在当前发展阶段已失去了合理的基础,不可能实现每一个生命主体的全面发展。五育融合作为一种育人方式,是在实践中生成的教育智慧,是对"物的方式"的教育的反思和对"人的方式"的教育的突破,彰显了人本的育人方向。五育融合聚焦人的自由而全面发展的当代价值,否认"经济动物"的物化培养取向,否定片面化、非人化的培养方式。我们将看到:致使人与自身相分离的"五育不全"和"五育割裂"的"物的"育人方式在人类发展进程中逐渐成为历史,促使人与自身相统一的"五育融合"的"人的"育人方式在反思和建构的助力下开始走向现实。五育融合凸显了教育与人的关系定位,是人的自由而全面发展的有力抓手,是实现人与自然、社会和谐发展的重要方式。

(四)中国式教育现代化的进一步深化及对社会主义时代新人培育的主动回应

教育改革的不断深入影响着人才培养模式的变革。1949年至1957年,我们初步建立了教育体系,开始从新民主主义教育走向社会主义教育;1958年至1960年,教育实现大发展,强调劳动,重视培养"劳动者"。1960年,为应对国家遭遇的困难,先后出台了"高教六十条""中学五十条""小学四十条"等调整措施,直至1966年,高考制度恢复后,教育逐步走向正轨。1985年,中共中央发布《关于教育体制改革的决定》,提出"教育必须为社会主义建设服务,社会主义建设必须依靠教育"。1993年,新中国成立以来首个教育发展规划纲要——《中国教育改革和发展纲要》发布,提高国民素质成为教育工作的重心。1999年,《关于深化教育改革全面推进素质教育的决定》发布,实施素质教育成为对党的教育方针的根本贯彻,对人的培养逐渐从素质发展走向全面发展。2010年,《国家中长期教育改革和发展规划纲要(2010—2020年)》发布,公平与质量成为教育工作的重点。进入新时代,教育更加注重"全面发展""融合发展"。可见,从功能主义到人本主义,从工具理性到工具理性与价值理性相结合,教育改革发展走向了"培养人"这一最根本的目的。在这一进程中,五育融合是中国教育改革发展至今对"培养什么人""怎样培养人"的观念和理解的进一步深化。

新时代需要中国式教育现代化的时代新人。时代新人不仅是教育发展的结果,而且是教育发展的要求,是对新时代"培养什么人"的根本回答。随着生产力的发展对人的能力提出更高要求,必然要尽可能多方面地发展这一"社会生产的普遍规律",用"全面发展的个人"代替"局部的个人"。时代新人有理想、有本领、有担当,是社会主义新人的时代表达,是社会主义现代化的接班人,是德智体美劳全面发展的建设者。担当民族复兴大任的时代新人更要以德智体美劳五个维度的全面发展、融合发展为尺度,变革教育生态,以五育融合之力主动回应教育对新时代理想新人的培育。

三、离身劳动教育的几个认识误区

在新时代,劳动教育被重新拾起,学校逐步开始与社会、家庭联合开展劳动教育实践。但现实中,劳动教育常常沦为日常教学中的简单任务、单纯的体力性教育、技艺性学习,甚至异化为娱乐活动及惩罚、驯化手段。笔者认为,对劳动及劳动教育内涵的把握不到位,使目前劳动教育实践过程中认识性脑力劳动"劳役化",出现把学习和劳动对立起来,用玩乐取代劳动的真正乐趣以及劳动教育停留在体验层面、缺乏连续性等误区,需要认真反思。

(一)学习"劳役化",把学习和劳动对立起来

近些年来,劳动教育被重新提升到与德育、智育、体育、美育并列的地位,因此一些学校轰轰烈烈地开展着劳动教育实践。有的开辟学校空地建设农场,指导学生进行生产劳动实践;有的联合社会资源,依托劳动教育实践基地,组织学生体验劳动。学农、学工社会实践活动也在很多地方每年定期展开。然而,与此同时,还存在着这样一个认识误区,认为这就是学生日常进行的学习,并不是劳动。

事实是,学习本身也是一种劳动,学习是认识性脑力劳动。苏联教育家苏霍姆林斯基(Vasily Sukhomlinsky)认为,劳动教育从学生坐在课桌后面读书时就开始了,课桌是最复杂的"机床",使儿童、少年和青少年感到无所用心是可耻的,懒惰和游手好闲是可悲的,让学生确立这种认识是教育上最难做到的事。学习是一种促进智慧和双手的努力相结合的劳动,在这项劳动中,学习是劳动,而知识则是努力劳动的结果。在数字劳动时代背景下,劳动的功能逐渐转向使个人实现自我价值,获得存在感和意义感等存在性功能。从这个角度来说,完成学习之外的劳动未必能比学习过程获得更多的价值感和存在感。

如果学习就是劳动,为什么如今重提劳动教育?目前在学生生活中占据主要地位的脑力劳动为什么没有达到劳动教育的目的?为什么学校常常将脑力劳动和生产劳动对立起来,认为过分重视智力发展导致劳动体验不足?这是因为学习这项脑力劳动存在异化现象,学习已被外化为"劳役"。

认清学习被外化为"劳役",需要追溯学习这项脑力劳动的本质,重新审视当前学生的学习过程。从马克思对劳动的界定可以看出,劳动首先是人和自然之间的过程,在与自然实现物质交换的过程中,人越来越多地认识到事物和现象的共同属性,发现它们之间的规律和联系,而脑力劳动正是以表象、概念和推理的形式表现出来的。学习这项脑力劳动最终指向科学地认识事物,这也是学习成为脑力劳动的必备属性。而目前学生的学习逐渐成为马克思所指出的"外化劳动"。

马克思在《1844年经济学哲学手稿》中谈道:"劳动对工人来说是外在的东西,在劳动中,他不是肯定自己,而是否定自己;不是感到幸福,而是感到不幸;不是自由地发挥自己的体力和智力,而是使自己的肉体受折磨、精神遭摧残。一旦外在强制停止,他会像逃避瘟疫一样逃避劳动。"用这段对劳动外在化的论述形容今天学生的学习似乎恰到好处。学生的学习不是为了科学认识现实,而是追求外在的物质需要。媒体多次曝出的"高考后撕书"正是学生对这一外在强加任务的逃离的表现。当学习不再是真正意义上的劳动,不再具备解放体力和智力的功能,而是成为"劳役",它对提升学生劳动素养所起到的作用就微乎其微。

(二)劳动教育"游戏化",无法培养学生对劳动的兴趣

与学习成为"劳役"相对应的是逐渐兴起的劳动教育"游戏化"倾向。有些学校为吸引学生而开展有趣、精彩的劳动活动,还有学校在春游中融入劳动教育,这样做可以提高学生参与劳动的积极性,但也需要注意避免模糊劳动和游

戏的区别。劳动是将自我外化的过程,游戏则是将现实内化的过程。游戏天然地能够给儿童带来满足感,但劳动本身对儿童来说毫无兴趣可言。劳动和游戏区别的模糊性在数字化时代表现得更为明显,数字化劳动模糊了娱乐与工作的时空边界,消解了传统的玩乐与劳动的对立关系。

  劳动是严肃的付出过程,劳动的乐趣在于创造,这种付出也解释了劳动的自我外化,学生将自己的体力和智力倾注在劳动过程中,并收获一定的成果。学生在劳动中感受到的是通过自我付出创造事物的乐趣,并非纯粹的玩乐。对劳动的兴趣需要有意识地进行培养和发展。劳动"游戏化"使很多活动看起来是有趣的,但从本质上来说并没有劳动,也培养不了学生对劳动的兴趣。

  19世纪末,法国出现一所培养"从事高级知识职业的人"的"新"学校。在这所学校里,学生对待体力劳动就像对待游戏和运动一样,因为他们将来不用靠体力生活。虽然这所学校处在农村,学生也在劳动,但学生却远离农民的生活,并不能真正地体会和研究各种社会关系。苏霍姆林斯基认为劳动兴趣应当表现为"他们意识到自己能够作用于大自然,能让植物献出果实,能用工具把木料或金属加工成所需要的形状"。因此,我们在劳动教育实践中要对劳动过程兴趣加以判断,看其是来源于付出与创造,还是受到游戏化倾向等因素的干扰。

  卢梭认为,学生只有亲自参加劳动,根据经验了解它的全部复杂性、艰巨性,今后才能判断某一生产部门的社会意义。劳动的付出可以培养积极的劳动价值观,使学生热爱劳动人民,尊重劳动成果。如果不把劳动看成一种认真付出的过程,就无法培养对劳动人民的情感,更无法培养对所获得的生存资料的珍惜之情。

(三)只停留在体验层面,忽视日常的自我服务劳动

  一些地区学工、学农劳动正实践轰轰烈烈地开展着,依托学农、学工基地

建设,逐步形成制度化的劳动体验体系。不少学校每学期拿出一周时间带领学生进行劳动,但仅仅停留在每学期一次的体验层面,活动安排缺乏衔接性,容易变成走马观花式的休闲娱乐。更有甚者,有些学校组织学生去荒地拔草,而学生将拔草劳动看成一种苦役,体验不到拔草对于树苗成长的意义,这种"有劳无教"的劳动体验加深了学生对体力劳动的排斥,很难发挥应有的作用。因此劳动的体验必须完整,让学生通过自身劳动取得劳动成果从而感到满足。若带领学生种麦苗,就要让他们看到麦苗长出茎叶、抽穗、收割,甚至麦粒变成食物的过程,这时候学生所产生的愉悦感不仅仅来自获得外在产品,更是来自体验到劳动带来的价值感和存在感。

人与自我的关系在人的三种属性中处于核心地位,这也意味着学生日常的自我服务劳动对学生全面发展起到至关重要的作用。自我服务劳动可以看作是劳动教育的开始,是贯彻劳动教育持续性原则的途径。不管日后从事何种生产劳动,自我服务都将成为他的义务和习惯。然而它往往在学校和家庭中受到忽视。学校花费时间和精力去组织校外劳动实践,却在中午时由餐饮工作人员将学生的午饭带到教室里,"剥夺"学生自我服务的体验机会。当学生毫不费力地拿到食物时,很难要求他们尊重食物,尊重劳动。

四、五育融合式具身型劳动教育如何有效落地

五育融合是新时代中国基础教育变革与发展中最具代表性的发展趋势之一。传统教育是学生单向度的智育等"某育"独大,而任何一育的失落都不能促进学生成人、成才,唯有德智体美劳五育在数量和结构上处于均衡、在育人目标上实现平等、在教育过程中相互关联,才能在整体而综合的教育活动中实现彼此"共在"和"互成"。其中,加强具身型劳动教育是推进五育融合的重要枢纽。

(一)重塑育人理念

人的全面发展是生命主体的充分发展、自由发展、协调发展,超越了生命的局限性,凸显了生命的价值和意义。人的全面发展有赖于健康生命的存在和延续,生命是主体人发展的载体,人的主体性在自我的提升和超越中彰显。五育融合既强调个体能力的全面提高,又强调个体需要的充分满足,着力促进生命主体全面发展的实现。

1. 生命主体的充分发展

生命主体的充分发展是指在德智体美劳等维度的充分发展。使人的潜能和能力"在一切方面和一切方向都可以得到发展和表现"是社会和国家的目的。从周王官学的"六艺"教育,到亚里士多德的德智体和谐发展教育,再到文艺复兴时期倡导的人文主义教育和空想社会主义者的德智体劳全面发展教育等,无不体现出生命充分发展的价值追求。生命主体的充分发展是逐步实现的过程,依据社会现实尽可能发展人的才能,从而最终实现所有人的才能、个性等充分发展的育人理想。五育融合是走向人的全面充分发展的一次实践和努力,它在人的全面发展理论的指引下,既强调智力和体力的统一发展,又强调智力和体力的充分发展;既强调道德品质的充分发展,又强调思维能力和审美能力的充分发展。

2. 生命主体的自由发展

自由发展是生命主体的价值追求,自由发展与充分发展相统一。自由个性建立在个人全面发展的基础上,生命主体的自由发展是全面发展在"现实"生活中的呈现,是全面发展的一个维度。从卢梭的以自然教育使个人自由、充分发展的"发现儿童",到以促进儿童自由发展为纲领的"新教育""进步主义教育"运动,再到强调个性自由、促进人的自我实现的人本主义教育,等等,无不昭示自由之于生命主体的价值和意义。五育融合既重视整体,也重视个性,认为尊重自由才能充分发挥全面发展之功效,而尊重全面发展也将充分延续自由发展之征途。

3. 生命主体的协调发展

协调发展是五育融合的核心价值。德智体美劳五方面的协调发展,指向的是全面的人、完整的人。"并举"强调"五育"之间的平衡和平等,"融合"更加强调"五育"之间的关联和协调。"五育"在实践中处于互联互通的状态,相互助力和补充。实践活动的复杂性和完整性要求人与自然、人与人、人与自我之间建立协调一致的关系,"会做人""会做事""会学习""会与他人共同生活"的终身发展的"整全"的现代人,具有未确定性和无限发展的可能性。具有真、善、美、健、富的完全人格是现代人应有的底色,人的社会实践要求"五育融合",生命主体的协调发展需要"五育融合"。

(二)找准突破路径

"五育融合"式具身型劳动教育校本化的一种内生性实践路径,就是校长和教师从五育融合视角深入反思学校自身办学过程五育失衡的深层症结,找准口子,做出样子,创出牌子。质言之,五育融合的难点在于"融"在哪里、"合"在哪里。基于全国五育融合实践联盟校实践的观察与反思,笔者提出"四融四合"构建学校"五育融合"式具身型劳动教育新样态的突破路径。

1. "融"到办学思想里,"合"在价值认同上

笔者认为,"五育"是全面发展教育的组成部分,应同等重视,不可偏废,重在全面、平衡和相互渗透。第一,"五育"各美其美,是指五育各有其独特性:智育重在知识技能教育及逻辑思维能力的习得;德育旨在发展与完善人的道德品质;体育是让学生获得身体健康和精神健康的统一,实现身心并育;美育是让人学会静观审美和追求实践立美;劳育的价值是"成事"与"成人",重点培养学生的自立精神与能力。第二,"五育"美人之美,特指"五育"互为目的与手段,不仅可以二分为心育和身育,而且各"育"之间具有双重属性机制。智育处

于基座位置,是育人的基础;美育是转化机制,培养人的美感;劳育是强化装置,实现"以劳促全";德育是领军,是灵魂,升华其他"四育"的价值;体育是护盾,为其他"四育"保驾护航。第三,"五育"美美与共,不仅是指在"五育"中实现"一育"而形成的统一美,更是指在"一育"中分别体现"五育"的主场优势而展现出的独特美。[1]

2. "融"到课程联通里,"合"在重塑课堂中

由于课程之间的边界阻隔,课堂呈现出"串联"而非"并联"的关联方式,教师的"教"没有融合,学生的"学"亦存在局限。时代的发展为育人方式带来更多的机遇和挑战,教育方式和学习方式也正面临着深刻的变革。学习作为教育学的"逻辑起点",是教育的存在条件。灌输主义、应试主义的模式导致学生机械学习、逃避学习、厌恶学习。若要学生主动学习、乐于学习并获得深刻的理解,必须提供高质量的教学内容。虽然不同的学科有不同的逻辑方式和演变轨迹,但知识的背后蕴涵着共同的育人价值,发挥着共通的育人功能。"融合课堂"的实现,必须在共同育人价值的统领下,解构学科知识,重建"五育"知识体系、课程体系和教学体系,开发以学生为本、适应时代发展需要的学习资源,精简课程,变革课堂,少教真学,真正实现知识的联结、转化和生成。

在有效减轻义务教育阶段学生过重作业负担和校外培训负担的"双减"背景下,是时候把学生从"多用点时间学习"转向"高质量地利用学习时间"了。"少教真学"的教学方式首先是学习生态的改变。课堂从教师的"独白"变成师生之间、同伴之间、学生与文本之间的"对话",学习壁垒被打破。教师变身指导者、聆听者、对话者,学生在合作中学习、在交往中学习、在反思中学习。以学习者的学习为突破口,强调知识的活化与生成、知情意行的关联与共生,多元统合,彰显共通的育人价值观。

---

[1] 宁本涛,覃梦萌.五育如何美美与共[J].教育发展研究,2021,41(22):48.

3. "融"到真实性教育的评价里,"合"在学生自治自育的充分发展上

"教育评价事关教育发展方向,有什么样的评价指挥棒,就有什么样的办学导向。"促进学习是教育评价的核心目的。评价要为学生的学习服务,因而要尊重学习规律,保证评价的完整性。促进学习的评价是促进所有学生学习的评价,而不是促进少部分学生学习的评价;"五育"的育人目标包括身与心、认知和非认知能力的培养,这些都必须纳入评价范围之内。促进五育融合的评价变革一定是走出"片面的人"的一元评价,是走向"现实的人""全面的人"的多元评价。

五育融合的评价目标指向学生交往中生成的个性化学习,记忆训练还位于深度学习,头脑参与还位于身心参与,成绩目的还位于成人目的。促进五育融合的多元评价是评价思维的转向,超越了以往狭隘的教育评价,它基于真实情境问题,详细记录学生的成长情况,是学生学习的"档案",是为学生树立信心的增值性评价。判断一种评价方式是不是五育融合式的,最直接的观测点在于看评价是增进了还是打击了学生的信心。此外,评价的选拔目的需要更科学的评价范式,以取代单一的标准。因此,五育融合式评价强调过程性、真实性和能力化,为树立全面发展的、科学的成长成才观奠基,总原则是"轻评价、低伤害、侧对话、重鼓励、悦自己、成全人"。

4. "融"到学校劳动教育保障治理生态里,"合"在劳动教育关系修复上

在新全球化时代背景下,工具理性与"技术命运论"迫使人们反思人与世界的关系。以教科文组织为首所倡导的人文主义价值观的兴起,促使教育治理理念从工具主义向人文主义转变。人文主义价值观将人的生命放在首位,尊重人的个性和自主性,强调在集体协作、责任共担中建设共同的未来,实现共同的美好生活。人文主义教育观重新审视了学校教育事业的公共性,认为

五育融合:重构劳动教育

学校教育应从公共利益转向共同利益,从绩效依赖转向关系修复,在充满不确定性和复杂性的世界中重建我们与他人、地球、技术的关系,塑造一个和平、公正和可持续的未来。基于人文主义的共同利益立场是对基于个人主义的社会经济理论的公共利益立场的超越。人文主义教育观运用全球性眼光看待世界,将共同利益作为反思教育问题的突破口,确立一种新的教育社会契约,在集体协作、责任共担中建设共同的未来,对人的片面发展的时代问题进行了回应。

人处在社会关系中,人的全面发展只有在社会关系中才能实现。物化社会把财产、资本等外在物作为终极标准,个人主义和利己主义泛滥,真实的社会交往被阻断,真正的社会关系受到阻碍。现实的人是社会关系中的人,在人与自然、人与人、人与自身的交互中生成。五育融合以现实的人为基点,力求打破"教育孤岛",突破"教育铁笼"的禁锢,破解"片面的人"的育人困境。"五育"需要"融合",缺失"融合"的"五育"培养出的依旧是"割裂的人""物化的人"。"融合"体现在不同素质和能力合成一体、合一共生,同时也衍生出不同个体,它们的相聚、联合形成共存"联合体"。通过融合的方式建立连接,融合育人培养的是关系中的人、实践中的人,是具有生命的现实存在联合体。

"全面的人"在良性的个人与社会互动中逐渐形成。学生不仅是学校治理的主体,而且是家庭的核心成员,是社会生活的重要参与者。学生的全面发展离不开学校、家庭和社会的彼此联系、互相推动、互为补充。因此,五育融合作为一项共同利益,离不开社会集体努力,需要诸多利益攸关方共同担当、深度参与,致力于社会教育力、学校教育力和家庭教育力的"三力融合",以提升各方教育力量。以共同利益观之,全面推进五育融合是对传统的教育公共管理模式的超越,是一次注重关系修复的教育治理理念的转向和教育治理模式的变革。共同利益的"在场"与"捧场",是五育融合的推进逻辑。在这样的大趋势下,家庭、学校、社会携手前行的"家校社学习共同体",也将成为五育融合的一种学校治理新常态和新生态。

总之,人的自由而全面的发展向来不是少数人的专利,全面发展理论自诞生之日起便具有伦理关怀和普世价值。以"人的自由而全面的发展"为宗旨的五育融合终身劳动教育实践,坚持教育的人性立场,强调在完整的共同生活实践中培养"全面的人"。教育使人成为人,在集体的互动交往和现实的生活实践中,教育对象通过学习以成事成人,不是成为毫无瑕疵的"完美之人",而是成为不断完善的"完整之人"。五育融合对局限于个人主义的社会经济理论进行审视,反思"割裂育人""孤立育人"的育人假设,倡导"融合育人""协同育人""真实育人"的育人实践。在由"必然王国"走向"自由王国"的人类历史进程中,虽然路途曲折艰辛,但是有理由对人由"片面发展"走向"全面发展"充满信心。五育融合从现实的个人出发,培养的是道德、认知、身体、审美等维度与劳动实践的相结合的自由而全面发展的人,是摆脱片面发展,实现自由个性,获得生命价值的"整全的人"。在共同发展行动的五育融合中,生命的价值因实现了全面发展而得以充分彰显。

(三)锚定主要目标

自新中国成立起,劳动教育就一直受到党和政府的高度重视,从"以苏为师"向探索适合自身发展的道路上不断转变,取得了诸多有益的实践经验,解决了一系列迫切的社会问题,培养了大量社会建设所需要的人才。但是,在促进学生全面发展的内在价值上,劳动教育实践及劳动精神教育仍需要进一步拓展和深化。热爱劳动、尊重劳动、智慧劳动、适度劳动、享受劳动的劳动价值观并没有在每一位学生心中生根发芽,相反,好逸恶劳、嫌贫爱富、规避劳动、不劳而获的劳动价值观异化现象时有发生,这折射出了教育生态中的问题以及青少年现实生活环境中的问题。随着产业结构的变革,社会劳动形态也正在发生着深刻的变化,深刻影响着学生的劳动观念和劳动意识。如何积极适应变革、主动调整和发展新时代劳动教育政策,成为一个迫切需要解决的问题。历史发展表明,基于他国经验发展起来的教育,将使理解多元世界观的能力受到制约。唯有从本国视角来理解教育,找到适合自身发展的方式,才能获得持续动力。同时,我们应该意识到,劳育、德育、智育、美育、体育这五个环节并非相互独立,而是相互关联、相互影响、彼此渗透。本纳在阐述"非等级秩序"时,对教育领域中各个环节之间的关系进行了深刻的探讨,他指出教育的各个环节都是非等级的,彼此处于一个相互影响、相互作用且平等的位置。未来,应以五育融合为出发点,聚焦现实问题,着力推进新时代中国特色社会主义劳动教育政策,探索劳动教育的新路径,进行劳动教育机制的迭代研究,使劳动教育焕发出更加蓬勃的生命力。

1. 以具身型劳动教育为击破应试教育壁垒的着力点

我国倡导素质教育30年,但多数学生走的依旧是"学而优则仕"的应试教育之路。应试教育既有可取之处,也有诸多流弊。它促进了阶层流动,其公平性不言而喻,但是狭隘的教育价值观摧残了学生的好奇心,扼杀了学生的创造力,被社会各界所诟病。伟大的人民教育家陶行知先生就强调对劳动者的尊重,提倡"做中学",通过"做"来破除教育中的一些弊病。事实上,美国也曾以"做"来培养学生的优良品质。20世纪,进步主义的教育浪潮席卷美国,改革者开始探索培养学生自强不息、坚韧不拔、团队合作,以及领导力和公民意识的途径,随后,他们将落脚点放到了实践课程上,学校的各项实践活动课程应运而生,从橄榄球队到学生乐团,从饲养小马到编辑学生报纸,每个学生都能找到自己喜欢的实践课程。帕特南说:"参与实践活动最大的益处是软实力和人格的养成,长期参与课外活动的孩子在步入社会后能够取得更大的职业成就和更高的收入。"毫无疑问,美国的实践课程对我国劳动教育有着极大的借鉴意义,是劳动教育的重要实施途径之一。实践课程不仅有利于培养学生的优秀品质,还能使学生在实践过程中感受劳动的快乐和乐趣,为日后步入社会,参加劳动生产打下坚实的基础。

因此,应开展丰富的实践课程,在实践中培养学生的劳动精神和劳动技能,以劳动教育作为击破应试教育壁垒的着力点,将劳动教育作为发展学生核心素养、增强创新创造能力、提高学业能力的重要推动力,以劳树德,促进学生综合素质的提升。

2. 建立并持续完善具身型劳动教育课程体系

劳动教育与智育有着天然的、不可割裂的联系,劳动实践在促进学生学科知识掌握、学业能力提升方面的作用不容小觑。帕特南曾在美国特洛伊中学和圣安娜中学两所中学进行对比调研,发现学校实践课程体系越完善、项目越丰富,学生的学业表现越优秀;坚持参加实践活动课程的孩子比偶尔参加实践活动的孩子就读大学的可能性高70%,比从未参加实践活动的孩子高400%。

事实上,实践活动体系建设是劳动教育得以实施、发展的重要基础。目前,虽然我国大中小学中设有劳动课程,但是往往以"副科"的形式呈现,既没有系统的劳动课程,也没有系统的课程评价方案。因而,当务之急是以学校为基点建立系统的、完善的、丰富的具身型劳动教育课程体系,促使学生在具体的实践中培养劳动精神和劳动意识;加强劳动教育素养向学科教学中的渗透,使劳动教育与其他学科教学进行有机融合,以劳动教育促进学生对其他学科课程的掌握,实现以劳增智。

3. 立足实际需要,建立"四位一体"具身型劳动教育协同发展体系

鞠玉翠教授认为,付出体力劳动和脑力劳动不一定便可称之为美,只要劳动的过程与结果不合目的、不合规律便无法称之为美,抑或其过程与结果合目的、合规律,但二者并没有达到统一,那也不能称之为美。只有当劳动者在合目的性与合规律性相统一的劳动中获得自我确证,才能称之为美。

然而,使劳动过程与劳动结果合目的、合规律,且达到统一,需要政府、社

会、家庭、学校的共同努力,仅靠学校的力量无疑是非常不现实的。本纳曾在《普通教育学》中指出,合理的社会要求能否通过教育进行转化,受到人类其他实践领域及极其复杂的社会关系的影响,而不仅仅受某一个单一因素所制约。劳动教育的实施离不开家庭和学校的支撑,更离不开政府和社会的支持。应以学校为劳动教育主要支撑,以政府为引导帮扶方,家长、企业、机构等力量对劳动教育进行合理组织,构建"四位一体"协同发展体系。重视职业教育对劳动教育的重要支撑作用,充分发挥职业院校的优势力量,培养出符合新时代要求的劳动技能和劳动精神。应使劳动教育的开展与社会要求有机融合,使人劳动的主观目的性和对象的客观规律性完全交融在一起,追寻劳动的教育美学意蕴;使人在劳动中体会和谐与自由;通过劳动教育,提高人们生活幸福指数,使人们能够诗意地生活。

4. 建设具身型劳动教育实践基地和法律制度

对劳动教育的探索绝不是纸上谈兵,劳动教育理论源于实践。新时代劳动教育的实施需要加强劳动教育实践基地建设,将劳动技能的学习融入具体的劳动实践中去;通过政府倡导、社会捐赠、校企共建等方式,不断拓宽专业性劳动技能教育实践基地;通过丰富多彩的劳动实践方式吸引学生参与其中,使他们提高劳动生产技能,切身感受到劳动的魅力、劳动创造精神财富和物质财富的奥义,培养热爱劳动、诚实劳动、尊重劳动的劳动精神,了解国情、体察社情、体会民情。

有效保障劳动教育实施,需要建立相关的法律制度,明确劳动教育实施方与劳动主体的权责,保障双方合法权益,消除双方顾虑,使劳动主体放心劳动、大胆劳动,确保劳动实践顺利开展,促使劳动教育实践基地有效运作。

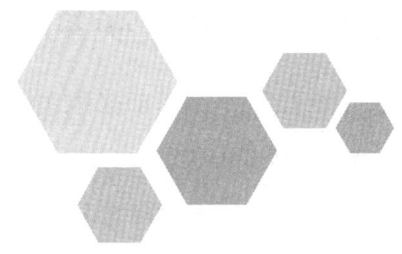

第四章
重塑新时代具身型劳动教育范式的几个关键问题

教育与生产劳动相结合是我们历来坚持的教育方针。习近平总书记在全国教育大会上强调,要努力构建德智体美劳全面培养的教育体系,形成更高水平的人才培养体系。这一重要讲话明确将劳动教育确定为全面发展教育的重要组成部分。针对实践中普遍存在的劳动教育在学校中被弱化、在家庭中被软化、在社会中被淡化、在研究中被虚化的现象,本章对如何重建中小学劳动教育观进行了思考,提出劳动教育不是一种独立的教育形式,而是各种教育的统领,劳动教育的本质在于通过"以劳促全"提升心志,使学生拥有充实的人生。重建劳动教育观,对提升每一个教育个体的内在生命力意义重大。

一、处理好具身型劳动教育内生与外生、内化与外化关系

回顾新中国成立以来劳动教育的历史演变,不难看出,我国劳动教育的推进与实施表现出明显的外生性特点。正是这一特点导致我国劳动教育即使有时候很努力,效果也并不理想。我国劳动教育的外生性特点既表现为驱力的外生性,又表现为目的的外生性,具体如下:

1. 驱力外生性

驱力外生性的典型表现是,劳动教育每一次受到重视都源于国家领导人重要讲话的推动。20世纪50年代,根据毛泽东同志的讲话精神,"教育与生产劳动相结合"被写进了党的教育方针;20世纪80年代,根据邓小平同志的讲话精神,学界展开了关于教育方针的大讨论与新时期教劳结合的研究,在实践中则加强了中小学劳动技术教育的课程化和规范化建设;20世纪90年代,根据江泽民同志讲话中对创新能力和实践能力的强调,"与生产劳动和社会实践相结合"成为新时期的教育方针;2010年,根据胡锦涛同志在全国劳动模范和先进工作者表彰大会上的讲话精神,教育部颁发了《关于组织开展劳模进校园活动的通知》;2015年,根据习近平总书记系列重要讲话精神,《关于加强中小学劳动教育的意见》出台。

国家领导人的强调与重视无疑是推进劳动教育的强大动力,但还应自下而上,多元协同,劳动教育的外生性与内生性相统一,以实现人的全面发展的教育目的。

2. 目的外生性

目的外生性的典型表现为服务社会发展的外在目的论取向。教育作为培养人的社会活动,其内在目的应该是培养人的身心素质,进而达成服务社会的外在目的。但反思我国劳动教育的推进过程可以发现:20世纪50、60年代,推进劳动教育是为了解决中小学生未来的就业问题、缓解国家经济压力;20世纪80、90年代,推行劳动教育是为了服务经济建设,加强现代化建设所需的劳动

技术教育;21世纪以后,劳动教育受到重视,是为了推动国家创新、实现民族复兴。可以说,每一次都是来自教育系统之外的需要左右着劳动教育的走向。诚然,教育必须满足社会政治经济发展需要,但相对于这种满足,尊重教育规律、促进人的发展更应该成为教育的前提,否则就会造成劳动教育的种种异化,使其窄化为学生技能的训练,遮蔽了劳动的本真教育意蕴。

二、处理好具身型劳动教育的本源性与经济性、教育性价值的协同关系

马克思、恩格斯对劳动价值观的理解主要存在着三种相互联系的解释模式:第一种是历史唯物主义的解释模式,强调劳动创造世界、劳动创造历史和劳动创造人本身;第二种是政治经济学的解释模式,强调劳动是商品价值的唯一源泉,劳动剥削是资本主义的社会本性,按劳分配是实现社会正义的重要原则;第三种是教育学原理的解释模式,强调劳动形成人的本质,劳动是实现人的全面发展的重要途径,教育与生产劳动相结合是社会主义教育的根本原则。

从教育实践的角度看,马克思、恩格斯对劳动及其劳动价值观的阐述给我们的最重要启示在于社会主义的劳动教育观。也就是说,劳动观、劳动价值观决定了劳动教育观,社会主义劳动教育的核心目标只能是促进学习者形成正确的劳动价值观。

基于此,具身型劳动价值观的培育应当涵盖三个方面:一是要让学生认识到劳动具有本源性价值,即劳动是创造物质世界和人类历史的根本动力,劳动、劳动者神圣光荣;二是要让学生认识到劳动具有经济性价值,即劳动是一切社会财富的源泉,按劳分配是合乎正义的分配原则,不劳而获、少劳多得可耻不义;三是要让学生认识到劳动具有教育性价值,只有热爱劳动、参加劳动才能实现个人的健康成长,不愿劳动、不爱劳动则会阻碍个人的全面发展。

三、处理好具身型劳动教育中教育者与受教育者、他塑与内塑的关系

1. 让具身型劳动教育成为一种价值召唤

重建劳动教育观要凸显综合性与统领性,让劳动教育成为一种价值召唤。劳动教育不是一种独立的教育形式,而是各种教育的统领,能够把其他一切教育内容联结在实践之中。劳动教育不仅能够培养爱劳动、依靠自我劳动生存与创造的道德品质和人格品质,增强体质,磨炼意志,促进身心健康,还能够丰富对人生的理解,增强对自我发展以及成功体验的审美意义,实现把知识转化为能力,增进智慧等,即以劳树德、以劳增智、以劳强体、以劳育美。

与此同时,我们也要注意劳动教育的界限,劳动教育始终是与德智体美教育融合在一起的,既不能以劳动教育代替德智体美教育,也不能以德智体美教育混淆劳动教育。劳动教育不是社会、学校或家庭单方面的事情,而是这三个教育渠道相互配合、密切联系、各司其职的整体性教育。

2. 让具身型劳动成为一种积极的生存方式

重建劳动教育观要强化激励性与基础性,让劳动成为一种积极的生存方式。劳动教育可以是专门的课程、知识点,依托在某一具体的课程或具体的课堂教学时间段,也可以是量化的育人任务、指标、考核标准,但是劳动教育素养的最终形成不是刻意、强制的观念和行为,而是依存于日常生活与工作中的自觉意识、自觉追求和自觉行为过程中的。完整意义上的劳动教育应无时不在、无处不在,渗透到教育的各个环节、各个方面,成为整个教育的基础和归宿。因此,应该把劳动的理念和行为渗透到生活、学习、工作的各个环节中,使之成为一种生存方式。

具体而言,① 在学校教育层面,要结合学科教学制订和实施劳动教育计划、开展课外实践活动和公益劳动活动。② 在家庭教育层面,既要规定学校指导家庭配合实施家庭生活劳动教育计划,又要通过对学生个人劳动教育过程

与成果的记录与考核,督促、引导家庭开展劳动教育。③ 在社会教育方面,政府要制定政策,规定社会各单位、企业有接收中小学生现场劳动教育观摩与实践的义务和责任;规定各种公益性场馆、教育基地有接收中小学生参观、学习及开展实验演示教育的任务;允许并支持社会助学机构开展创新教育活动,合法组织中小学生开展研学旅行、实验、创新辅导等多样化创新和实践活动。④ 要把劳动教育过程、成果作为对学生、教师、学校和教育行政部门,以及相关的企事业单位、社会团体的考核评价的内容载入档案,形成全社会的劳动教育激励机制。

3. 让具身型劳动教育成为一种集体劳动协作制度建构

重建劳动教育观要突出主体性与责任性,让劳动教育成为一种制度建构。从过去的经验来看,我国的教育方针一直很重视劳动教育,但是整个劳动教育实践存在着实施主体单一,主体责任不明确,缺乏评价、督促机制等问题。这必然造成劳动教育被弱化、软化、淡化、虚化的现象。因此,国家必须完成以法律制度的形式规定劳动教育主体,明确各主体的责任,建立评价、督导机制,明确劳动教育成绩的使用范围等。以制度的形式规定劳动教育,界定劳动教育的权利,也必将会带来不同效率的资源配置。制度具有的强制性会逐步形成重视劳动教育的文化,使其成为全社会各层次主体的自觉意识。

(1) 建立多元化劳动教育实施主体系统

教育行政管理部门以及国家权力机构依法治教,是劳动教育的管理主体;学校是劳动教育的实施主体;社会各相关部门、单位、团体有配合实施劳动教育的责任与义务,是配合学校劳动教育实施的主体;学生直接参与劳动,是接受劳动教育的主体。

(2) 明确各主体劳动教育的义务与职责

学校必须在劳动教育的课程设置、统筹组织安排、协调劳动教育活动,开展劳动教育评价,建立劳动教育档案等方面起到主导作用;教育行政管理部门以及国家权力机构依法监督、管理、规范各个劳动教育实施机构的教育活动；社会各相关部门、单位、团体配合学校实施劳动教育，不得无理拒绝或敷衍；学生在不同年龄阶段必须接受相应的劳动教育。

(3) 建立劳动教育考评结果的全方位使用激励机制

教育行政管理部门以及国家权力机构对配合学校实施劳动教育的单位进行质量与数量考评，国家相关部门通过多种途径给予利益回报；国家规定对个人劳动教育考评的结果广泛使用在升学、就业与职务晋升，以及各种人才选拔等过程中，作为德才评价的重要组成部分。

四、处理好具身型劳动教育中"劳身"和"劳心"的关系

具身型劳动教育作为一种具有实践性、复杂性的教育形态，不能走"课上听劳动、课下看劳动、网上玩劳动"的路子，而应既充分尊重大中小学生的劳动需求与愿望，又注重发挥教师、家长和社会力量的劳动指导主体性，在真实的劳动教育情景中开展多样化的劳动"互育"课，进而实现以劳树德、以劳增智、以劳强体、以劳育美的丰富价值，更好地促进学生身心和谐发展，构建整体融通式的系统创新思维和人才培养模式。

那么，究竟如何让劳动教育在教育中真实有效地发生？笔者认为，深入推进劳动教育不宜摆场面，做加法，而应在转观念、调结构、搭平台、建团队和促融合上下功夫。教师、家长、社会和学生要"四位一体"、多元协同、共同进步。

1. 教师要充分尊重学生的主体地位

教师要以唤醒学生劳动权利和责任意识为前提，充分尊重学生的主体地位，开展符合学生年龄阶段和个性化需求的多样化综合性实践活动，让学生在面对各式各样的劳动任务时愿意"上手"。

(1) 应提升学生对劳动权利和责任的认知，促进学生劳动意识的觉醒

在劳动教育实践中，只有首先解决好学生基于劳动学习活动的权利责任

的认知,制度引导、体系建构等外因才能发挥实效性作用。劳动教育中的活动场所不受教室限制决定了活动类型的多样性,参与学习的广阔空间决定了学生参与学习方式的多样化,而选择某种活动形式、采取某种参与学习方式的前提是唤醒学生的劳动参与和学习意识,激发学生对于自身学习权的认知。具体说来,应做到以下三点:① 形成关于学生意愿的多途径调查机制,可以通过问卷调查、访谈调查、座谈会和主题班会等形式充分了解学生意愿,让学生参与活动选择。② 让学生参与学校活动选择的民主决策,发挥其权利,承担起主动选择学习活动的责任。③ 让学生参与活动设计的完整过程,拿出可行的活动方案。

（2）要明确角色转化,创新学生参与劳动的学习范式

劳动教育改变了学生的学习空间,使学习不再是以教师为中心的"授导",但往往由于学习空间的无所限制使得学习无从发生,学生的"参与"学习也从未实现。因此,应明确劳动教育活动中学校、教师、学生以及社会机构等第三方所应扮演的角色,创新劳动教育的学习范式。总体而言,应当明确"教师——劳动导师、学生——劳动学生"的角色转化,教师不再只是一味地充当简单的"安全员",学生不再只是"过客",形成以"劳动"为载体,以"学习"为目的,以"问题"为靶子,展开参与性、适应性学习。也就是说要做到:教师严格履行劳动导师的职责;学生明确劳动学生的身份,带着学习的心态参与劳动实践活动。

（3）要关注学生的劳动学习体验,实现知识转化与应用

当前,研究课程与教学改革的学者频频提倡"深度学习"和"具身学习"。劳动教育中丰富的自然、人文、社会资源,宽阔的学习空间和充分的自由提供了课题研究和项目创作的资源,使得学生"问题解决"学习模式下的深度学习成为可能。而这些活动具有极强的实践性,应当关注学生在活动过程中的劳动体验,通过交流、合作、互动达成深度体验,在问题解决中获取知识,在实践

中转化和使用知识。具体而言,可以从以下几点来做:① 开发丰富且适合学生学习需求的劳动教育资源,让学生深度参与到活动之中。② 劳动导师要及时有效地引导学生投身于问题解决式的课题研究和项目创作等深度参与劳动学习的体验中,实现知识的转化和应用。

2. 学校要将劳动融合于综合教学活动中

学校作为主要场域,对劳动教育的实施负有重要责任。学校要将劳动融合于综合教学中,给予教师课程开发与设计的自主权和自信心,让广大教师愿意为做好劳动教育指导"上路"。

当下学校缺乏劳动教育的专职师资队伍,应积极探索建立专兼职相结合的劳动教育师资队伍,提高劳动教育教学质量。在加强师资培训的同时,还应给予教师充分的自主权,让教师发挥自身智慧,结合学科教学开发适合所在学校所在班级的课程,实现教师的教育教学价值。但是教师的自主权是有边界的,要始终以培养人为教育教学活动的根本目的。一方面,以学生的发展和教育为基准,注重教育的发展性,尊重学生的自由,明确自由是一系列选择项及个人做出选择的能力;另一方面,教师不能脱离其专业性,要尊重教育规律,具体教学中应以学生为中心,以身体力行、知行合一为基本策略。

3. 社会要发挥在具身型劳动教育中的支持作用

要利用政府的经费投入,引进社会力量,开发劳动教育实践基地在内的多种劳动教育资源,建立健全第三方监督评估机制,让社会力量自愿为劳动教育服务"上心"。

劳动教育真实有效的发生应当是一个学生有所愿、有所为、有所得的过程。可利用专业力量进行分析与设计。对学生线下劳动参与与学习行为的数据采集有着极高的难度,因为学生的行为、情感体验是动态的,难以以量化的方法和评分的形式来论定。因此,为了保证劳动教育取得应有的活动效果,需要借助大数据和学习分析技术,掌握学生学习规律的变化与波动,找到学生学习行为发生的各种复杂原因及其隐秘的关联性,从而对学生在劳动学习过程中的表现进行及时有效的反馈与纠正。

随着教育信息技术的发展,电子监测技术成为可能,学生成长电子档案袋的建立迫在眉睫。从最初对学生劳动学习需要与能力的分析与基于其所愿的活动设计,到活动中对学生有所为的学习行为的监测与其有所得的学习评估,为每一位学生形成独一无二的学习成长档案袋,记录学生的发展、变化、成长过程,这对于实现劳动教育立德树人理念、综合实践育人目标具有现实意义。

4. 幸福家庭劳动生活是人才培养和幸福生活的起点和归宿

将劳动教育作为构建和谐家庭关系和幸福家庭生活的契机,家长要做好对子女的陪伴式、成长式劳动教育,身体力行,以身作则,愿意为做好劳动榜样"上进"。

家庭要树立崇尚劳动的良好家风,家长通过日常生活中的言传身教,潜移默化地让孩子从小养成崇尚劳动、热爱劳动的优良品质。家庭可共创"家庭劳动日",如通过一起扫除,了解扫除风俗及扫除知识等;通过外出采摘果蔬,学习食物营养知识、作物生长规律等;通过洗碗做饭,掌握生活自理技能,体会家务劳动的不易等。这些家庭劳动活动的进行都应当基于家庭成员的主动意愿,这样才能在劳动中加强彼此的交流与沟通,使得劳动活动发挥增进家庭成员的情感、默契,构建和谐家庭关系的作用。

5. 强化学生的具身型劳动体验

基于后建构主义的具身认知理论认为,具身学习不同于以抽象思维和推理验证为特征的离身学习,而是基于身体,具有实践性、活动性等特征,它将身体(情感体验、情绪、意志、兴趣、实操等)置于认知实践的中心地位,强调认知是通过身心合一的体验形成的,尤其重视在亲身经历和实践过程中获得的独特感受。故而,具身型劳动教育不仅是一种关于劳动知识的教育活动,而且是涵盖"关于劳动""为了劳动""在劳动中"的知识、技能、态度、习惯和价值观的整合性素养教育活动。也就是说,指向素养养成的新劳动教育必须高度关注新劳动教育过程中教师和学生劳动教育的"非对象性",以及学校劳动教育推进过程中的基础性、开放性和学生主体性问题。

因此,笔者认为,具身型劳动教育的课程设计需要通过劳动教育平衡大中小学生人与自我、人与自然、人与社会的三种关系。在内容选择上,不仅应关注学生体力劳动与物质生产劳动体验,还应关注探索性创新劳动、艺术审美性劳动、社会公益性劳动、生活自理性劳动等方面。在教学目标上,既要关注劳动知识与技能,更要强调促进人的全面发展,关注对个人潜力的外化作用,关注个体通过"以劳树德、以劳增智、以劳强体、以劳育美"的丰富活动成为一个眼里有光、心中有爱、手里有活的阳光青少年。

劳动长智慧,实践出真知。劳动教育意蕴深远,在五育融合视野下,大力加强新时代具身型劳动教育的实践探索,就是通过新劳动教育制度体系的重构带动教育生态的良性发展,回归到培养真实、自由、全面发展的社会主义建设者和接班人这个根本原点,努力克服"现代人"在全球化、现代化进程中所呈现的懒、贪、傲、私等人性弱点,唤醒当代中国人勤劳、奉献、负责、公平、正义等优良品质。在家庭生活中体现为自理、自立的独立生活活动;在学习中体现为与具体学科知识相联系的、能够化知识为能力与智慧的实践活动;在社会生活中体现为为社会做出应有贡献的、丰富多样的公益性活动;在职业生涯规划中体现为能正确认识自我,找到真正感兴趣的力所能及的职业劳动。

五、内卷化视域下农村学生也需加强具身型劳动教育

"内卷化"一词来源于拉丁语 involutum,原意是"转或卷起来"。德国哲学家康德(Immanuel Kant)区分了"演化"和"内卷化";美国人类学家戈登威泽(Alexander Goldenweiser)用它来表述这样一类文化模式:当达到某种形态以后,既没有办法稳定下来,也没有办法使自己转变到新的形态,取而代之的是不断在

内部变得更加复杂;1963年,美国人类学家格尔茨(Clifford Geertz)在《农业内卷化》一书中运用这一概念来描述印度尼西亚爪哇地区的经济与社会发展,将其引入到农业经济领域,并提出"农业内卷化",其内卷化的概念可以概括为"一个系统在外部扩张受到约束的条件下内部精细化发展的过程"。此后,"内卷化"概念也被应用于中国研究中。

1. 教育内卷化下的农村劳动教育

不可讳言,当前劳动教育尽管在个别地区和学校有了长足的发展,但在学校中被弱化、在家庭中被软化、在社会中被淡化的现象没有根本好转,形势不容乐观。尤其是在农村这样的应试教育"重灾区",学生劳动机会减少、劳动意识缺乏,出现了一些轻视劳动、不会劳动、不愿劳动、不珍惜劳动成果的现象。写作业、看电视、玩电脑、刷手机的"宅男宅女"越来越多。这是与大自然的隔绝,许多行为和心理上的问题都由此而起,"巨婴"现象出现,"教育内卷化"问题日趋严重。

冰冻三尺,非一日之寒。当下学生劳动素养的缺失从中小学阶段就开始了。众所周知,热爱劳动是中华民族的传统美德。农民是勤劳、智慧、朴素的代名词,农村学生作为农民的后代更是如此。然而,当下农村中小学劳动教育现状普遍不容乐观,甚至更加严峻。

笔者在河南省农村中小学校长劳动教育工作坊中发现,农村校长学员普遍反映目前在农村开展劳动教育非常困难,甚至步履维艰。有校长说:"我们深知要贯彻劳动教育方针,实施劳动教育,但农村学校缺少可用的土地资源,资金没有保障,安全是个大问题。家长不配合,孩子都比较腼腆,家长和学生普遍担心劳动占用学习时间导致成绩下滑。"有校长表示,随着城镇化进程的加快,农村学校的许多学生都是隔代教养,父母的缺席、祖父辈的娇惯使得农村孩子逐渐形成了"饭来张口,衣来伸手"的习惯,有些孩子甚至不会自己洗袜子。还有校长认为,比起劳动技能的缺失,更让人忧心的是农村孩子情感、态度、价值观的错位。许多留守儿童从小跟着爷爷奶奶生活，却不懂得孝亲敬老，认为没有必要帮助老人做家务，因为"爸爸妈妈已经给过他们钱了，他们干活是应该的"。此外，学生对待金钱的态度更是堪忧，一个星期的生活费要100多元，少给10元就不去上学，拿到生活费后立马大肆挥霍，花完了再问爸爸妈妈要。由于长期在外务工，对孩子缺少陪伴，许多家长把钱当作一种补偿，孩子要多少就给多少，无下限的娇惯更加剧了学生的错误消费观念。

2. 为何农村学校更难开展具身型劳动教育

农村学校更难开展具身型劳动教育，除了上述家庭方面的原因，还有观念和制度方面的原因。

第一，一些学生认为，劳动并不是一件光荣的事，没有能力或者犯了错误的人才需要去劳动。一些学校将劳动作为一种惩罚方式，如让犯错的学生打扫厕所，劳动教育演化成"劳改"，这种做法进一步加剧了学生的抵触心理。

第二，农村教育"城市化"倾向问题，导致唯应试教育根深蒂固，教育的功利化倾向更严重。虽然面临同样的升学压力，但相较于城市学生，农村学生学习资源相对匮乏，学习压力更大，这就导致了学生对有益于考试的事一拥而上，而对与考试无关的事则无人问津，进而劳动教育陷入"可做可不做"的尴尬境地。

这些问题归根结底是对新时代劳动和劳动教育内涵与价值的认识不足和有偏差的问题。笔者认为，新时代劳动是指人通过自身艰苦的体力、脑力及情感付出，创造满足自身生存和社会发展所必需的物质财富和精神财富的活动。新时代劳动的目的不仅是满足生存需要，更是满足情感和审美需要。

3. 农村劳动教育如何扭转离身劳动教育的局面

劳动教育绝不仅仅是多加了一门劳动课，让学生做形式化的、机械的、重复的劳动主题活动，而是育人方式的真变革，是对应试教育的强力反击，是培养核心素养的重要抓手。

第四章　重塑新时代具身型劳动教育范式的几个关键问题

时代呼唤劳动教育，农村学生也需要终身劳动教育。生发点在于搞明白农村学生究竟需要什么样的劳动教育，农村学校该如何更好地协同家庭、社会更好地实施劳动教育。关键是走因地制宜的终身劳动教育融合创新之路，"自己的事情自己做，生产的事情学着做，工艺的劳动争着做，创新的工作尝试做，审美的劳动乐着做。"新时代农村劳动教育的目标和站位要高远，即通过开展丰富多彩的劳动活动，达到以劳辅德、以劳增智、以劳强体、以劳怡美，让孩子们感受到劳动的光荣和乐趣。在课程设计、教学设计与实施方面又要从小处入手，脚踏实地。

"劳而为生，生而为爱，爱而悦己，成己达人。"劳动成就梦想，创造开辟未来。新时代为劳动提供了更广阔的舞台，愿每个农村出身的孩子都能通过诚实劳动赢得尊重和信赖，共享人生出彩、梦想成真的机会。

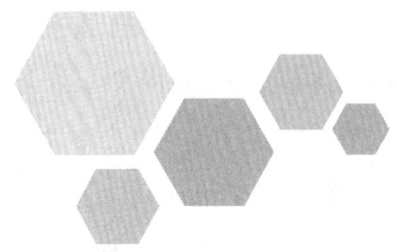

第五章
《义务教育劳动课程标准(2022年版)》解读

2022年3月,教育部印发《义务教育劳动课程标准(2022年版)》(简称"劳育新课标"),真实面对和系统解决了长期以来劳动教育中的诸多问题。劳育新课标聚焦7~16岁儿童、青少年劳动素养的培养,给新时代劳动教育转型升级指明了方向,是贯彻落实五育并举教育方针的行动指南。

解读劳育新课标中的新意,对深入思考如何对标劳育新课标,打造基于素养转化的劳动教育新课堂,对培养有理想、有本领、有担当的时代新人有着异常重要的意义。那么,劳育新课标究竟"新"在哪里?基层学校和老师又该如何做到对标劳育新课标呢?

一、"新"在鲜明的理念

理念是行动的先导。劳育新课标倡导的教育理念让人耳目一新,具体表现为以下两点:

1. 注重全员、全程、全方位的综合育人导向

劳育新课标强调要充分挖掘劳动在树德、增智、强体、育美等方面的育人价值,将学生劳动观念、劳动精神的培养贯穿课程实施的全过程,引导学生树立正确的劳动价值观,崇尚劳动、尊重劳动,增强对劳动人民的感情,发展创新意识,提升实践能力和社会责任感,成为懂劳动、会劳动、爱劳动的时代新人。

2. 注重构建以具身实践、项目学习和综合学习为主线的课程结构

围绕日常生活劳动、生产劳动和服务性劳动三类基础性劳动,兼顾各地各校特色劳动文化建设,根据学生基础和发展需要,以劳动项目为载体,以劳动任务群为基本单元,以学生体验劳动过程为基本要求,构建学段进阶安排、有所侧重的课程结构。同时,加强学生生活与社会实际的联系,宜工则工,宜农则农,避免单一、机械的劳动技能训练、简单的劳动知识讲解,以及缺少实践、过于泛化的考察探究。注重引导学生通过设计、制作、试验等方式获得丰富的劳动体验,习得劳动知识与技能,感悟和体认劳动价值,培养劳动精神。

二、"新"在对学生劳动素养的聚焦培养

劳育新课标指出,劳动素养"主要是指学生在学习与劳动实践过程中逐步形成的适应个人终身发展和社会发展需要的正确价值观、必备品格和关键能力,是劳动课程育人价值的集中体现,主要包括劳动观念、劳动能力、劳动习惯和品质、劳动精神"。

1. 劳动观念

劳动观念是劳动教育深入人心的认知基础,是指在劳动实践中逐渐形成的,对劳动、劳动者、劳动成果等方面的认知和总体看法,以及在此基础上形成的基本态度和情感,旨在让学生"爱劳动"。

2. 劳动能力

劳动能力以学生的实践为基础,是指顺利完成与个体年龄及生理特点相适宜的劳动任务所需的胜任力,是个体的劳动知识、技能、行为方式等在劳动实践中的综合表现,旨在让学生"会劳动"。

3. 劳动习惯和品质

劳动习惯和品质以学生的稳定表现为基础,是指通过经常性劳动实践形成的稳定行为倾向和品格特征,旨在让学生"勤劳动"。

4. 劳动精神

劳动精神以学生的内在升华为基础,是指在劳动观念、劳动能力、劳动习惯和品质的培养过程中形成和发展的,在劳动实践中秉持的关于劳动的信念、信仰和人格特质,旨在让学生"善劳动"。

上述四个方面相互促进,密切相关。以此为基础,劳育新课标锚定了义务教育阶段学生劳动素养发展的总目标和学段目标。

三、"新"在因地制宜的多元教学内容和指导

劳育新课标提出:"义务教育劳动课程以培养学生的核心素养为导向,围绕日常生活劳动、生产劳动和服务性劳动,以任务群为基本单元,构建内容结构。"

1. 三类基础性劳动内容

在内容安排上共设置十个任务群,每个任务群由若干项目组成。其中,日常生活劳动包括清洁与卫生、整理与收纳、烹饪与营养、家用器具使用与维护四个任务群,生产劳动包括农业生产劳动、传统工艺制作、工业生产劳动、新技

术体验与应用四个任务群,服务性劳动包括现代服务业劳动、公益劳动与志愿服务两个任务群。

2. 基本教学实施建议

劳育新课标进一步提出了教学实施建议,比如,"根据义务教育课程方案,劳动课程平均每周不少于1课时,用于活动策划、技能指导、练习实践、总结交流等。具体实施时,可根据学生年龄特点和任务群中的项目实践情况单节排课或2~3课时连排","学校结合实际,自主选择确定各年级任务群学习数量;鼓励有条件的地区和学校在整个义务教育阶段课程内容涵盖十个任务群……生产劳动四个任务群和服务性劳动两个任务群,其内容要求和劳动项目具有一定的开放性和选择性。学校可以因地制宜,结合实际情况,根据任务群安排,开发劳动项目,形成校本化劳动清单。"

需要注意的是,为发展学生科学的劳动意识、劳动眼光和劳动观念,仅仅依靠劳动教育的十个任务群还是不够的,因此,深度劳动实践、主题劳动周、STEAM课程、研学旅行、小课题研究和学校劳动文化校建设有助于将劳动教育适度融入整体教育教学之中,第一课堂(校园劳动)与第二课堂(校外劳动)有机衔接,互为补充,家校社劳育协同育人。所有这些具体的教学建议都是为了更好地创新劳动实践载体,让劳动教育"活"起来、"乐"起来、"全"起来。

3. 课程实施安全保障

重视劳动课程的安全保障体系建设,强化学生劳动安全意识的培养,注重劳动课程实施中工具、材料、流程及场所的安全保障,制订劳动实践活动风险防控预案,并建立应急与事故处理机制,确保劳动课程安全有序实施。

四、"新"在儿童成长立场的具身型劳育课程真评价体系

评价是教育的"牛鼻子",有什么样的评价,就会有什么样的教与学。劳育新课标提倡的真评价体系凸显三个基本原则。

1. 导向性原则

以儿童成长为本,关注核心素养四个方面的发展状况及其在劳动过程中的体现。通过评价的积极引导作用,促进劳动育人价值的实现。

2. 发展性原则

发挥评价的反馈改进功能,促进学生认真参与劳动学习与实践,改进教师教学安排。教师要着眼于学生劳动过程的动态发展,充分肯定学生在劳动中的进步,正确对待劳动中出现的问题,鼓励学生不断改进提高。

3. 系统性原则

应整体系统地进行评价,并贯穿学生学习始终。发挥教师、家长和学生等多元主体评价作用,依据学生年龄特征和学习特点,制订循序渐进的评价目标。注重过程性评价与结果性评价相结合,兼顾家庭劳动实践评价与社会劳动实践评价,采用多样化评价方式,如项目实践、交流对话、技能测试等,持续地反馈信息。

基层学校和教师如何对标劳育新课标,下好新时期的具身型劳动教育这盘大棋?笔者认为,要做好以下几个方面工作。

1. 加强劳动教育基础设施建设

学校场地、设施及环境是劳动课程实施最基础的资源,因此,基层学校要充分利用教室、食堂、图书馆、科技场馆等,为学生提供进行值日劳动及其他日常生活劳动的场所;要充分利用绿地、空隙地带、阳台或楼顶平台等安全空间,通过建设校园"小苗圃""快乐农场""智慧农场""空中农场"等,指导学生开展农业生产劳动;要充分利用学校进行基建、装修、维护等的时机,为学生提供安全参与劳动体验的机会。

2. 建设具有"五育融合"基本功的劳动教育师资队伍,积极开展具身型劳动教育课的课例研究

不可否认,当前大中小学劳动教育课普遍存在课堂"讲"劳动、课上"听"劳

动、校园"喊"劳动、基地"秀"劳动、家中"看"劳动、评价"演"劳动的"四不像"现象。新旧交替下的劳动课型与新劳动教育及学生劳动素养的发展极不匹配。笔者认为,造成这一难题的关键点在于教师质量参差不齐。因此,要尽快建设一支具有"五育融合"基本功的劳动教育师资队伍。劳动课的专兼职教师要根据自身专业背景,发挥优势,弥补不足,加强专业学习,提升专业素养。教师要提升自身劳动素养,要加强理论学习,还要参与劳动技能培训和劳动实践体验,做到理论和实践有机统一。通过理论学习,深入理解劳动课程独特的育人价值、课程理念和核心素养内涵;通过技能培训和劳动实践,提升自身劳动技能水平和劳动课程教学专业水平;积极参加多样化的课程教学培训,充分认识劳动课程内容结构和要求,掌握不同学段学生劳动素养要求,明确教学重点、难点及关键所在,合理规划和设计项目,选择恰当的方式实施创造性教学。这样的劳动课不仅吸引学生,更吸引自己。复杂性理论认为,当关联和创造达到一定阈值时,意义才会"涌现"。

因此,多上课或勤上课之"多"并不能单纯追求量大而广博,还应重视上课与研究之间,他者与自我之间,劳动与知识、情感态度价值观之间的复杂关系,这一过程并非用简单的因果律就能解释和概括,它是非线性的、复杂的。唯有将自己的思考投放于大量行动之中,并主动进行关联,方能经历并体悟到劳动课意义涌现时的乐趣与快感。

质言之,笔者认为,一堂优质的中小学劳动课的设计、实施与评价,如果离开劳动知识之"探"、劳动技能之"练"、劳动科学之"启"、劳动审美之"创"和劳动伦理之"扬"等五个维度(五维度的深浅要根据学生身体、心理最近发展区和成长基本规律而定)中的任何一维,就不算具有真正完整的劳动教育意义。

3. 倡导家庭和社会积极配合,协同推进具身型劳动教育

比如,学校要根据本地、本校实际,设计不同学段的家庭劳动清单,提高家长培养学生生活自理能力的意识,增强学生参与家务劳动的计划性和持续性;

根据家庭日常生活实际,鼓励家长利用整理房间、打扫卫生、维护器具、美化家庭、养护绿植、烹饪帮厨等机会,把劳动教育融入日常生活中,让学生坚持不懈地完成,从而养成居家生活劳动的好习惯。再如,在劳育新课标中的现代服务业劳动任务群的课程与教学设计中,学校可以与银行合作进行理财教育。由于我国中小学生普遍远离生产、分配、投资环节,他们对家庭财富的产生过程缺乏感受,不能体会父母的艰辛,经常有着攀比心态,不能理性消费,并且希望通过以最少的努力实现"一夜致富"。不少发达国家早已把财经素养教育置于国家战略的高度,就是希望能够通过教育使国民懂得只有通过诚实且有智力的劳动才能创造财富,知道如何依法保护和增加自己的财富,理性又可持续地使用财富,在确保自身幸福生活的同时,为国家营造稳定、有序、安全的经济环境,降低财经生活的国家管理成本。学校与银行协同研发财商教育课的优势在于,把财富与人生维度纳入其中,给财经素养教育赋予价值目的。缺少这个目的,财经知识技能就只能停留在"技术层面"。

"纸上得来终觉浅,绝知此事要躬行。"知易行难,全面落实劳育新课标精神,不能"就劳动谈劳动",也不能"就教育论教育",而是回到"五育融合""知行合一""劳力劳心"的终身教育原点。陶行知先生曾说"老师不和学生站在一条战线上便不成为教师",愿我们每一位教师和教育管理者都能牢固树立"学生立场",尊重学生,相信学生,解放学生,一切以学生发展为本位,警惕"新瓶装旧酒""穿新鞋走老路"等各种教改形式主义,秉持"劳而为生,生而为爱,爱而悦己,成己达人"的劳动教育观,最终让孩子们从小就学会"自己的事情自己做,他人的事情帮着做,集体的事情争着做,挑战的事情试着做,创新的事情乐着做",将来早日成为国家各行各业劳动战线上的一把好手、能手。

最好的教育是让教育者逐步感到自己是多余的,没有最好的劳动教育,只有更好的和更适合的劳动教育。除了教育学生学会劳动,更要引导他们不断反思我们究竟为什么劳动,劳动除了赚钱还有其他什么意义,怎样才能让自己终生热爱所从事的劳动工作。如何让终身劳动教育真正成就每一个人的幸福人生,需要教育者不断深入反思和追问。

因此,新时代大中小学的终身劳动转型升维必须立足新时代的地域文化特点和学生学段特点,积极、大胆探索"创造性劳动教育"。创造性劳动教育才是一种符合新时代发展要求的"新"劳动教育形态,具体表现为全面发展性、主体能动性、以劳创新性。为达成创造性劳动的三个指征,需要以五育融合的眼光重新审视劳动教育的意义和价值,围绕劳动的联通维、主体维、创新维和涵容维,在劳动教育的课程改革中融入项目化劳育理念,挖掘项目对象价值,凸显项目内容创新,建立项目文化生态,发挥创造性劳动教育的作用。也就是说,学生的创造性劳动可以在多变的劳动环境中通过多元性的学科关涉性劳动衍生出丰富的创意。教师则将隐含于各学科领域中的劳动提炼出来,创造性地开发课程,打破学科壁垒,将学科内容和劳动教育紧密结合,帮助学生形成不易遗忘的记忆和技能。从劳动之客体看,基于自然或社会的劳动教育实施地点将与未来工作时的劳动空间相融合。

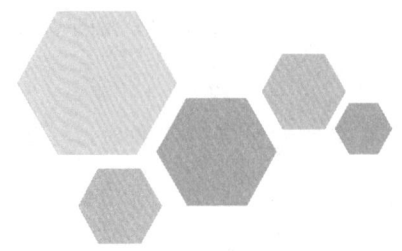

第六章
走出大学生具身型劳动教育的"两难"困境

无劳动不教育,有劳动未必有真教育。当前,我国进入了发展的新时期,劳动被赋予新的内涵,劳动方式也发生极速转变,同样,社会对劳动力素质也提出了更高的要求。[1]我们认为,大学生面临着劳动价值取向功利化、劳动认识淡薄化、劳动态度消极化、劳动内容浅层化的钳制,劳动教育面临"有劳动无教育"和"有教育无劳动"的"两难"困境,急需走出一条适合大学生的具身型劳动教育创新路径。

---

[1] 周光礼.中国大学的战略与规划:理论框架与行动框架[J].大学教育科学,2020(2):10-18.

第六章 走出大学生具身型劳动教育的"两难"困境

一、大学生劳动教育"两难"困境的后果

1. 大学生劳动价值取向功利化

大学生劳动价值取向正由理想化向多样化和务实化方向转变,部分大学生的价值取向出现了功利化倾向,由注重整体利益转向注重个人利益,由注重长远利益转向注重眼前利益,由注重"义"转向注重"利",由注重奉献转向注重享受。在当代大学生群体中,有很多人将劳动价值与物质酬劳直接联系在一起。如果缺少物质酬劳,他们的劳动积极性就会下降。这也进一步导致了大学生在就业时将工资薪酬作为首要参考标准,将物质等现实条件放置于理想之上,将个人利益放置于集体利益之上,劳动价值取向功利化随之日益明显。大学生缺少正确的劳动态度,这一点反映到学习上,则是出现抄袭作业、迟到早退、远离集体、沉迷网络等不良行为。

2. 大学生劳动认识淡薄化

高校的快递业务有很大一部分来自学生把积攒一段时间的衣服寄回家去,家人洗完后再寄回;有些学生称,在放假回家时,脏衣服、脏鞋子之类的杂物要装上几个箱子;不少新生表示进入大学学习是第一次离开父母独立生活,来自全国各地的同学生活习惯迥异导致生活上的不适应。这些都是由于劳动认识的缺乏所导致的劳动能力低下。研究者曾对中国大学生的自理能力进行了调查[1],发现中国香港和中国台湾大学生的自理能力较强,其中中国香港大学生的自理能力最强,中国香港在基础教育阶段推行了"学生生活技能发展及全方位辅导计划",这种做法非常值得借鉴。高等院校是培育人才的基地,大学生不仅要有学习的能力,更要有深刻的劳动认识、正确的劳动观念以及专业的劳动技能,如此才能承担起时代所赋予的历史使命,肩负起应有的社会责任。

---

[1] 吴继霞. 社会背景差异下的大学生自理能力比较研究[J]. 心理科学, 2008(5): 1274-1276+1201.

3. 大学生劳动态度消极化

很多大学生经常互相推脱打扫寝室卫生的责任,甚至集体"罢工"致使寝室脏、乱、差。这些情况反映出了大学生劳动态度消极化的客观现实。事实上,真正的人的生活离不开劳动,劳动不仅创造物质财富与精神财富,而且是人与动物的分水岭。在人的所有活动中,最伟大、最有价值的便是人类的生产实践活动。劳动不但创造了人本身,而且创造出了社会,创造出了社会关系,创造出了人的道德。

4. 大学生劳动内容浅层化

目前我国大多数高校的劳动教育,还停留在体验田间劳动、家务劳动、学校打扫卫生、开展社会实践活动、组织毕业实习等层面,劳动教育被片面地诠释为学生的谋生手段,直接导致了劳动本身的育人功能大打折扣。社会实践活动作为高校劳动教育的主要内容,存在表面化、形式化的缺点。例如,有些实践活动以学生假期就近回乡调研等形式展开,离开了学校的统一组织、指导和落实,这些活动的教育成效就难以得到保证。

二、大学生劳动教育"两难"困境的原因分析

1. 市场经济的冲击

改革开放后,随着市场经济的确立和发展,我国经济发展实现了质的飞跃,与此同时,一系列的社会问题也随之而生:社会贫富差距逐渐产生,精致利己主义甚嚣尘上。在追逐利益最大化的路上,劳动的价值被逐渐削弱。因此,时至今日,不正确的劳动观已经影响到了很多大学生。社会上对职业分工的偏见同样影响着大学生对劳动的态度,致使多数人认为脑力劳动比体力劳动更加"高级";同时也有不少学生认为劳动占用学习时间,增加了学习负担,进而排斥劳动,出现不爱劳动、不想劳动的现象。这些大学生对劳动价值缺乏正确、积极的认识,甚至形成了不劳而获的错误思想。

2. 唯应试教育对素质教育空间的挤压

在应试教育体系中,劳动教育无法被量化为成绩单上的数字,因此它只能存在于素质教育的美好设想中。家长只求孩子能够将精力多放在好好读书上,生怕"劳动"占用了孩子宝贵的学习时间,恨不得事事亲力亲为,致使很多孩子从小便成为饭来张口、衣来伸手的"小皇帝",难以独立自主生活。2017年,专家所指导的600份志愿填报案例中,70%以上的志愿以家长为主进行沟通和填报,21%的志愿咨询由家长与孩子一起进行,对大学和专业选择进行独立咨询的学生仅为9%。不少考生把高考当作学习任务的终点,在高考结束后便开始策划如何旅行、如何放松自己,而把高考志愿的填报、专业的选择全部扔给了父母。殊不知,高考仅仅是基础教育的终点,并非学习的终点,大学、专业的选择更是另一个阶段学习的起点。高考志愿的填报,尤其是专业的选择关系到一个人未来职业的选择和规划,理应根据考生的个性、爱好、理想进行考虑和选择,只有这样,学生才能为大学四年的学习和未来职业的规划打下好的基础。

3. 缺乏与高校教育有效衔接的中小学劳动教育

在中国,基础教育将更多的关注放到学生对课程作业的掌握上,学校、教师、家长、学生也将取得优秀的考试成绩视为高中阶段的学习任务,将考上一所好的大学视为最终学习目标,高中阶段所进行的劳动教育更是少之又少,不少学校将劳动教育片面地理解为体育锻炼,要求学生在课下活动活动即可。这与大学阶段对学生的要求是不相符的,大学不仅要求学生具备基本的课程学习能力,还要求学生具有职业规划能力、社会沟通能力、与同学相互学习的能力等。[1]基础教育的"分数导向"必然导致学生对大学的"多维能力要求"产生严重的"水土不服"。高校为了解决这个问题进行了各种尝试,如开展新生入

---

[1] 王华. 美国"大学准备"及其对中国高中生教育的启示[J]. 教育与教学研究,2015,29(12):6-9.

学教育、入学适应讲座等等,然而这一系列的教育工作却收效甚微。一项针对新生入学教育的问卷调查显示,超过80%的人认为入学教育对他们适应大学生活并未产生较大的帮助。究其原因,这种高校包办入学教育的做法,忽视了入学准备工作是一项系统的工程,仅仅靠高校的"单打独斗"很难完成[1]。

劳动教育及劳动实践的缺乏还使得学生对自身兴趣爱好不了解,进入大学后对自己所选专业不感兴趣。华中师范大学武汉传媒学院通讯社对武汉理工大学、湖北工业大学和湖北大学等十余所高校的毕业生所进行的相关调查显示,75%的学生想换专业,而想换专业的原因中,对自己就读专业不感兴趣排在第二位。

三、新时代大学生具身型劳动教育的创新路径

高校大学生具身型劳动教育不仅受教育领域的制约,同样受其他实践领域的影响和制约。做好高校劳动教育,不应让教育系统单方面承担所有责任,应使社会各个领域共同关注劳动教育的实施,建立以政府为主导、学校为主体、家庭为支撑、企业为帮扶的"多元协同"实施体系。

(一)家庭方面:培养大学生独立选择与生活的能力

我们要重视家庭教育的作用,通过舆论宣传、教育家长等方式,以原生家庭为起点纠正不正确的观念和行为,为培养学生正确的劳动观念构建有利的家庭环境。目前存在的问题是,父母对学生过度关爱,导致学生依赖父母,无法独立生活。这对孩子的成长是极为不利的,家长应破除事事代劳、凡事操办的意识及习惯,培养学生独立选择与生活的能力。

---

[1] 洪富忠. 高校新生入学教育存在的问题及对策[J]. 世纪桥,2008(3):97-98.

1. 家长应充分给予大学生选择的权利和自由

在平时的生活与学习中,家长需要尊重学生的意愿,当学生的选择与家长的选择出现冲突时,家长应及时沟通和引导,而非将自己的意愿强加到学生身上。

2. 家长应尊重学生的兴趣和爱好

家长往往以过来人自居,更以功利性的眼光看待学生的兴趣选择。"兴趣是最好的老师",一个人只有对事物产生浓厚的兴趣时,才愿意主动地去求知、去探索、去实践。帮助学生在具体的劳动实践中发现自己的兴趣,尊重学生的兴趣,才是家长对学生最好的呵护与关爱。

3. 家长应学会适度放手

"未曾清贫难成人,不经打击老天真。"挫折是一个人走向成熟的必经环节,人只有在挫折中才会更深刻地反思自我,快速成长。联合国教科文组织将"学会生存"作为未来教育的四个支柱之一[1],"学会生存"指的便是学生在行动中应有责任感、自主性和判断力。家长适度放手,才能让学生摆脱对家长的依赖,进行自主判断与选择,从而真正学会生存。

(二)学校方面:加强中小学具身型劳动教育与高校教育的有机衔接

应将劳动教育作为学生从高中到大学阶段过渡的重要支撑。教育是一个系统工程,整体性、关联性、时序性等构成了教育系统的基本特征。在这个系统工程中,教育是个动态的概念。基础教育理应与高等教育紧密相连,共同构成教育的系统工程,共同服务于培养合格人才这一终极目标。就目前我国教育系统现状来看,中小学劳动教育与高校教育脱节的现象非常明显,给培养合格人才带来了极大障碍。因此,要加强中小学劳动教育与高校的有机衔接,从

---

[1] 联合国教科文组织总部.教育——财富蕴藏在其中[M].北京:教育科学出版社,1996:76.

而促使学生做好专业选择、做好充足的劳动技能学习准备[1]。

1. 在基础教育阶段开展各式各样的劳动实践活动与课程

使学生得到系统、专业的劳动精神培养以及劳动技能锻炼,在具体的劳动实践中发现自己的兴趣并确定专业倾向,为自己的未来专业选择与职业选择做好充足的准备,这样才能在未来的工作生产中充满活力和动力,把劳动当作一种生活方式,而非仅仅是一种谋生手段。"尊重劳动、诚实劳动、热爱劳动"才能真正落实到实际当中。

另外,国外的研究表明,劳动技能教育可以有效减轻包括焦虑和抑郁在内的多种心理障碍,促进学生心理社会能力的提高。[2]

2. 在基础教育阶段加强对学生专业规划的指导

"劳动是生命的底色",专业规划教育的目标绝不仅仅是培养学生的学科选择能力与职业规划能力,而是"对个体的生命历程也有宽广而深远的透视"[3],是教给学生适应未来社会发展所需要的关键的劳动知识、劳动技能及劳动态度,使之能在人生的任何阶段都能主动、智慧、持久地适应社会,实现自我发展与终身发展。

(三)企业方面:创新职前职后培养渠道,肩负社会责任

每到毕业季,就会出现大学生"毕业即失业"的现象。就业问题不能依靠学生个人单向发力,社会各界同样需要出谋划策,从劳动教育方面着手提升毕业生对社会的适应能力。我们应该鼓励企业与高校间进行合作,在提高科研成果利用率的同时,为大学生提供更多实习机会,"把论文写在大地上",让成

---

[1] 慕向斌. 基础教育与高等教育的有效衔接分析[J]. 教育与职业,2014(3):22-24.
[2] 周凯,叶广俊. 生活技能教育对提高学生心理健康的干预研究[J]. 中国心理卫生杂志,2002(16):323-326.
[3] 曾维希. 生涯发展的混沌特征与生涯辅导的范式整合[J]. 电子科技大学学报(社科版),2012(1):68-72.

果融进实践中。事实上,劳动与劳动教育不只体现在基础教育或者高等教育中,它还是一个动态的过程,贯穿在人的一生之中。劳动教育既需要学校教育阶段日积月累的准备工作——生活能力的不断培养、学习方式的不断调整、个人兴趣的不断挖掘,又需要政府、企业的不断帮扶。

综上所述,虽然我国大学普及率已大大提高,但学生的劳动素质并没有相应提升。从社会经济发展所需要的重点行业来看,我们面临的是比过去更加严峻的"人才荒""高素质劳动力荒"。我们应该直面当前劳动及劳动教育所出现的问题,将理论分析与中国具体实践相结合,寻得劳动育人、劳动成人的更好路径,使大学生在新时代中承担起民族复兴的大任,成为全面发展的高素质人才。

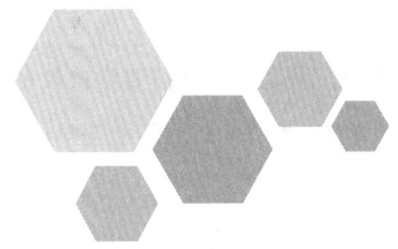

第七章
师范生劳动素养测评及其影响因素分析

《中华人民共和国教育法(2021修正)》明确把"劳"写入党的教育方针,而劳动素养是我国劳动教育的重要成果体现。师范生作为职前教师,肩负着为未来培养中小学生的神圣使命。师范生的劳动素养是实现其自身全面发展的核心素养,更是为将来培养全面发展的人的必要条件。进入新时代,要树立终身劳动教育的大劳动教育观,协同学校、社会、家庭三方多渠道、多方式开展劳动教育[1],努力提升师范生的终身劳动素养水平。

---

[1] 夏永庚,崔佳丽.实施"大劳动教育":现实诉求、基本逻辑与路径选择[J].当代教育论坛,2020(6):28-34.

一、问题的提出

《意见》明确提出要健全劳动素养评价制度;将劳动素养纳入学生综合素质评价体系;把劳动素养评价结果作为衡量学生全面发展情况的重要内容,作为评优评先的重要参考和毕业依据,作为高一级学校录取的重要参考或依据。2020年7月教育部印发的《大中小学劳动教育指导纲要(试行)》(以下简称《纲要》)也明确提出,劳动教育的总体目标是准确把握社会主义建设者和接班人的劳动精神面貌、劳动价值取向和劳动技能水平的培养要求,全面提高学生劳动素养;大中小学生劳动素养主要包括劳动观念、劳动能力、劳动精神、劳动习惯和品质等内容。

大学生是科学技术、思想理论方面的前沿群体和劳动力市场的潜在群体,是国家重点培养的高素质人才。注重并提升大学生的劳动素养对完善综合素质、增强竞争优势、培养社会责任感乃至实现全面发展具有重要意义。[1]尤其是高校师范生,作为新时代职前教师的重要群体,他们承载着未来为党育人、为国育才的神圣使命。职前教师的劳动素养不仅关系到自身的全面发展,也关系到他们在以后教书育人历程中对中小学生劳动素养的培养。因此,测评师范生的劳动素养,对于深入、有效落实《意见》与《纲要》精神具有重要的实践意义。

二、文献回顾

劳动教育作为中国特色社会主义的全面发展教育的重要内容,个体的劳动素养是劳动教育成果的重要体现,是实现人全面发展的核心素养。进入新时代,学者对劳动素养的内涵有了更深入、更丰富的理解。笔者通过梳理已有

---

[1] 王正青,刘涛,杜娇阳,等.新时代大学生劳动素养测评模型构建与测度研究[J].现代教育管理,2021(6):81-89.

研究对劳动素养内涵的解释发现,学者都倾向于从多角度诠释劳动素养,认为劳动素养是个体劳动品格与能力的综合体现。比如:关颖认为,"劳动素养是人在劳动过程中的劳动观念、劳动心态和劳动技能的综合体现"[1];曹飞从个体心理品质的视角探讨了劳动素养的结构,并将其划分为知识观念技能、情感态度和行为习惯三个维度,强调劳动素养的培养离不开通过长期实践所达成的内化于心、外化于行的过程[2];邵长威将大学生劳动素养的概念界定为大学生在扎实掌握专业知识的同时,还具有积极主动的劳动意识及热爱劳动的心态,并尊重他人劳动成果,能够扎实开展学习、生活、工作中的脑力与体力实践活动,根据条件变化创造性地开展活动[3];王正青等人认为大学生劳动素养是指正在接受高等教育的大学生在教育与生活中形成的与劳动有关的个人素养,包括劳动价值观、劳动知识、劳动技能以及创新劳动,同时拟定了大学生劳动素养测评指标体系,并建立结构方程模型对大学生劳动素养进行实践评估[4]。

纵观已有研究,很多学者都对劳动素养的内涵及其结构维度做了深入解读,且以思辨类研究居多,对劳动素养进行量化测评的研究较少,而对师范生劳动素养的量化测评还没有研究涉及。本章试图构建师范生劳动素养测评模型,并进行具体的量化测评。

三、研究设计与过程

本研究为五育融合研究中心研究项目之一,笔者对研究工具的修订、调查对象的选取等研究过程进行了严格把关。

---

[1] 关颖.劳动素养,孩子一生的财富[N].人民政协报,2018-05-2(11).
[2] 曹飞.中小学生劳动素养评价指标体系探析[J].劳动教育评论,2020(1):42-45.
[3] 邵长威.思想政治教育视域下提升大学生劳动素养的途径探索[J].辽宁工业大学学报(社会科学版),2019(4):98-100.
[4] 王正青,刘涛,杜娇阳,等.新时代大学生劳动素养测评模型构建与测度研究[J].现代教育管理,2021(6):81-89.

（一）研究工具

本研究基于《纲要》要求,将劳动观念、劳动能力、劳动精神、劳动习惯和品质四个维度作为一级测评指标,再对每个维度进行操作性定义,进一步确立二级测评指标,共编制了43道测评题目,初步拟定《师范生劳动素养测评问卷》作为研究工具,并邀请相关专家对所编辑的题目进行论证。各测评指标题目从"非常不符合"到"非常符合"采用李克特5级量表法分别从1到5进行赋值。最后的测评得分越高,表示被试的劳动素养水平越高。

为保证问卷的信效度,本研究首先选择甘肃省L高校的500名师范生作为被试实施初测,回收有效问卷446份,有效回收率为89.2%。通过整理问卷测量结果进行项目分析,计算各题目的区分度,将所有相关不显著的题目以及虽然相关显著,但是相关系数低于0.30的12道题目予以删除。删掉题目后,由于总分发生了变化,再次测算各题与总分的相关度。结果表明,各题项与问卷总体的相关系数均大于0.40,相关显著。选取一半修订后的问卷调查数据进行探索性因素分析,得到KMO系数为0.918,Bartlett球形检验的卡方值为4989.966,显著性为0.000,以上指标均表明该测量问卷适合进行因素分析。为了验证经过探索性因素分析所得到的问卷结构的稳定性和有效性,本研究对另一半问卷调查数据继续进行了验证性因素分析。结果表明,各项目对所属因子的路径系数均达显著,各因子间的相关性较高,但尚未超过0.95,无需合并维度。卡方自由度比(χ/df)为1.96,拟合优度指数（GFI）为0.93,近似误差均方根（RMSEA）为0.032,各项拟合指数均达到要求。

通过对初测问卷的修订,最后得到了32个题项的二级测评指标（表7-1）,其中劳动观念维度有7个题项,劳动能力维度有8个题项,劳动精神维度有7个题项,劳动习惯和品质维度有10个题项,另外还有12个有关师范生性别、年级、学校类别、学科类别、家庭情况等基本信息的问题,形成了最终的《师范生劳动素养测评问卷》。

表7-1 师范生劳动素养测评指标

一级测评指标	二级测评指标
劳动观念	对劳动价值的认识
	对劳动形式的认识
	对劳动促进个人发展的认识
	对劳动促进社会发展的认识
	对劳动尊卑的认识
	对社会、集体、家庭及个人劳动责任的认识
	对"劳动最光荣、劳动最美丽"的认同
劳动能力	对日常家务劳动的参与
	对日常集体劳动的参与
	个人生活中的劳动能力
	科学与安全劳动的意识
	对基本劳动技能的掌握
	对基本劳动工具的使用
	现代化新型教学设备使用技能
	教师教学技能
劳动精神	勇于担当社会责任的劳动精神
	个人吃苦耐劳、坚韧不拔的精神
	个人参与劳动时一丝不苟的精神
	在集体劳动中的团队合作精神
	乐于奉献的志愿服务精神
	勇于创新的劳动精神
	热衷于教书育人的奉献精神
劳动习惯和品质	在个人生活中养成良好的卫生清洁习惯
	合理规划时间、不拖延的习惯
	主动打扫寝室卫生的习惯
	主动承担家务劳动的习惯
	参与劳动时的诚实品质
	珍惜他人劳动成果的品质
	尊重体力劳动者的品质
	热爱劳动和帮助他人的品质
	言传身教指导学生自主劳动的品质
	自觉参与公益劳动的品质

(二)研究对象

本研究在江苏、山东、甘肃、上海等省市共选取了6所不同类别层次的师范院校，包括985、211、双一流院校，普通一本院校，普通二本院校和大专(高职)院校。从这6所师范院校中随机抽取1836名师范生开展问卷调查，共回收有效问卷1710份，问卷有效回收率为93.14%。其中，男生占24%(410人)，女生占76%(1300人)；985、211、双一流院校学生占3.82%(65人)，普通一本院校学生占8.55%(146人)，普通二本院校学生占72.09%(1233人)，大专(高职)院校学生占15.55%(266人)；哲学类专业学生占1.55%(27人)，法学类专业学生占1.64%(28人)，教育学类专业学生占46.27%(791人)，文学类专业学生占9.09%(155人)，历史学类专业学生占2.36%(40人)，理学类专业学生占26.18%(448人)，工学类专业学生占3.55%(61人)，管理学类专业学生占1.91%(33人)，艺术学类专业学生占7.45%(127人)；家庭所在地在城市的学生占19.09%(326人)，在县城的学生占19.18%(328人)，在乡镇的学生占15.82%(271人)，在农村的学生占45.91%(785人)。

最后，对1710名师范生样本正式调查测评结果进行信效度检验，得到克隆巴赫系数 α 为0.913，表明此次使用的测评问卷信度较高。本研究工具在前期经过了专家论证和修订，能够保证测评问卷具有较好的效度。

(三)测评模型的构建

本研究采用定量统计法分别计算四个一级测评指标的权重。计算结果显示，四项一级测评指标中选择"有些符合""比较符合""非常符合"的累计比例均大于67%，充分说明这四项一级测评指标能够有效反映师范生的劳动素养水平。按照从1到5的赋值，计算得到"有些符合""比较符合""非常符合"的权重分别为0.25(3/12)、0.33(4/12)和0.42(5/12)。最后，分别计算每个一级测评指标的权重(表7-2)。

表7-2 样本对劳动素养指标体系符合程度评价结果（$N=1710$）

一级测评指标	各符合性评价水平平均人数					有些符合及以上占比(%)	权重
	非常不符合	不太符合	有些符合	比较符合	非常符合		
劳动观念	48.25	33.00	247.50	697.75	683.50	95.2	0.27
劳动能力	98.67	213.00	723.33	483.33	191.67	81.8	0.20
劳动精神	44.60	21.40	228.40	669.00	746.60	96.1	0.28
劳动习惯和品质	31.83	120.17	411.33	658.83	487.83	91.1	0.25

得出计算师范生劳动素养测评模型的数学表达式为：

$$y = 0.27x_1 + 0.20x_2 + 0.28x_3 + 0.25x_4,$$

其中，y表示师范生劳动素养，x_1表示劳动观念，x_2表示劳动能力，x_3表示劳动精神，x_4表示劳动习惯和品质。

(四)研究发现

1. 师范生劳动素养整体水平

依据上文得出的劳动素养计算公式，对调查数据进行测算分析，结果显示，师范生劳动素养的整体平均得分($\overline{X}$)为4.15，标准差(S)为0.52，说明师范生的整体劳动素养水平较高。分别对四项一级测评指标计算发现，师范生劳动观念维度得分最高($\overline{X}=4.38, S=0.46$)，劳动精神维度得分次之($\overline{X}=4.26, S=0.51$)，劳动品质与习惯维度再次之($\overline{X}=4.02, S=0.59$)，劳动能力维度得分最低($\overline{X}=3.94, S=0.53$)。可以看出，师范生的劳动观念、劳动精神、劳动品质和习惯维度的素养较强，而劳动能力维度的素养相对偏弱。

2. 师范生创新劳动精神

此次调查中，师范生关于"勇于创新的劳动精神"指标的测评得分均值为4.06。他们对劳动概念的理解也更为宽泛，63.09%的师范生表示劳动除了包含体力劳动和脑力劳动外,还应该包含创新劳动。需要强调的是,虽然统计数据反映出师范生主观上认识到了创新劳动的重要性,但是87.6%的师范生并没有参与过任何创新实践活动以及相关项目的申报。

3. 师范生劳动素养组群差异

分析师范生劳动素养的组群差异发现,在性别、家庭所在地、学校类别、学科类别等变量的不同取值上,师范生的劳动素养存在显著差异(表7-3)。

表7-3 师范生劳动素养组群差异统计分析

变量类型	变量	劳动观念(M±SD)	劳动能力(M±SD)	劳动精神(M±SD)	劳动习惯和品质(M±SD)	整体素养(M±SD)
性别	男生	4.32±0.52	3.74±0.51	4.08±0.76	3.98±0.63	4.21±0.64
	女生	4.44±0.56	4.12±0.49	4.44±0.72	4.06±0.59	4.27±0.58
家庭所在地	城市	4.29±0.52	3.13±0.45	4.03±0.72	3.36±0.73	3.72±0.74
	县城	4.35±0.61	4.02±0.72	4.23±0.69	4.25±0.71	4.21±0.62
	乡镇	4.43±0.66	4.26±0.57	4.39±0.58	4.29±0.52	4.33±0.58
	农村	4.45±0.49	4.35±0.55	4.38±0.51	4.38±0.48	4.39±0.56
学校类别	985、211、双一流院校	4.29±0.48	3.75±0.45	4.21±0.57	3.93±0.71	4.05±0.49
	普通一本院校	4.41±0.51	3.92±0.52	4.24±0.62	4.00±0.68	4.14±0.55
	普通二本院校	4.41±0.54	4.02±0.67	4.30±0.52	4.08±0.66	4.20±0.53
	大专(高职)院校	4.42±0.59	4.09±0.65	4.28±0.68	4.07±0.60	4.37±0.60
学科类别	自然学科	4.45±0.62	4.12±0.56	4.48±0.72	4.15±0.69	4.30±0.52
	人文学科	4.41±0.64	3.90±0.61	4.22±0.70	3.98±0.71	4.13±0.55
	艺术学科	4.27±0.59	3.78±0.68	4.08±0.74	3.93±0.61	4.01±0.61

具体表现为:女生的劳动素养显著高于男生,尤其是在劳动能力和劳动精神两个维度上。家庭所在地为农村的师范生劳动素养最高,乡镇次之,县城再次之,城市最低;家庭所在地为农村的师范生劳动能力与劳动习惯和品质明显高于家庭所在地在其他地域的师范生。从学校类别来看,师范生劳动素养从

高到低的排序是大专(高职)院校,普通二本院校,普通一本院校,985、211、双一流院校。这说明所在学校层次越低的师范生反而劳动素养越高。从学科类别来看,自然学科类师范生的劳动素养高于人文学科类师范生,艺术学科类师范生的劳动素养最低。四个维度的劳动素养水平均表现出这一特点。

4.师范生劳动素养影响因素

本研究进一步对影响师范生劳动素养的因素做了回归分析,发现性别、是否为独生子女、所就读的师范院校类型、家庭所在地、学校是否开设劳动课程、学校是否定期组织劳动实践活动等变量都与师范生的劳动素养水平存在较为显著的相关影响(表7-4)。从回归分析结果可以看出:在所有自变量中,性别、是否为独生子女、所就读的师范院校类型、家庭所在地等因素对师范生劳动素养水平产生的影响较强。

表7-4 师范生劳动素养影响因素回归分析

变量	师范生的劳动素养	
	相关系数(R)	显著性水平
性别(1=男,0=女)	-0.623*	0.034
是否为独生子女(1=是,0=否)	-0.718*	0.021
所就读师范院校类型(1=985、211、双一流院校,2=普通一本院校,3=普通二本院校,4=大专(高职)院校)	0.512***	0.002
家庭所在地(1=城市,2=县城,3=乡镇,4=农村)	0.635**	0.003
学校是否开设劳动课程(1=是,0=否)	0.056**	0.005
学校是否定期组织劳动实践活动(1=是,0=否)	0.061**	0.000
卡方统计量	72.521***	

注:*表示在0.05的水平上显著,**表示在0.01的水平上显著,***表示在0.001的水平上显著。

四、结论与对策

(一)研究结论

师范生作为职前教师的重要群体,劳动素养整体水平较高,具有较强的创新劳动意识,但同时也存在一些问题。

第一,师范生在劳动观念、劳动精神、劳动品质与习惯维度的劳动素养水平整体较高,但是劳动能力相对薄弱。这说明师范生能够深刻领会劳动的价值,但是缺乏具体的劳动实践。

第二,虽然师范生具备较强的创新劳动意识,但他们的创新劳动能力较弱,对创新创业实践活动的参与度偏低。"教师是创造者,教师劳动具有创造的特性。"[1]对高校师范生而言,具备优良的创新服务意识是发展未来教育事业、培养新一代创新型人才的内在张力。

第三,师范生劳动素养在性别、家庭所在地、学校类别、学科类别上存在显著差异。首先,女生的劳动素养显著高于男生。相比于男生,女生在生活习惯上更喜爱整洁,因此在日常生活劳动习惯养成的过程中培养了较高的劳动品质与习惯。其次,根据家庭所在地的不同,师范生的劳动素养以农村地区最高,乡镇、县城、城市依次降低。这说明现代科技水平的发展在为人们的生活提供便利的同时,也在一定程度上限制了人们参与劳动的机会,从而影响了对劳动素养的培养。再次,所在学校层次水平高的师范生劳动素养反而显著低于所在学校层次水平低的师范生。这充分反映出由于高层次水平的师范院校录取成绩要求更高,考入的学生必然要花费大量的时间和精力投入学习,这必然会影响到他们参与劳动实践的时间与精力。最后,自然学科类的师范生的劳动素养显著高于人文社科类的师范生,艺术学科类的师范生的劳动素养最低。自然学科类动手实践的机会明显要多于人文社科,而艺术学科类强调

---

[1] 叶澜.教育研究及其方法[M].北京:中国科学技术出版社,1990:11-16.

培养学生的艺术技艺,涉及的日常学习与生活过程中的劳动实践环节偏少。

第四,性别、是否为独生子女、所就读的师范院校类型、家庭所在地、学校是否开设劳动课程、学校是否定期组织劳动实践活动等因素都会对师范生劳动素养水平产生影响,其中前四项因素的影响程度较强。这充分说明要提高师范生的劳动素养水平,需要学校、家庭、社会的共同协作努力。

(二)对策建议

1. 学校层面

(1)组织学校相关行政管理人员和专任教师学习国家劳动教育的指导精神,全面贯彻党的教育方针

成立专门的劳动教育组织机构,建立健全劳动教育组织实施的工作机制。加强劳动教育师资培养,聘请相关行业的专业人士担任劳动实践指导教师。组建由导师带队指导的创新创业团队,积极申报校级、省级以及国家级大学生创新创业计划项目,探索劳动教育与创新创业有效融合的实践育人模式,提升师范生的创新劳动能力。

(2)把劳动素养教育纳入人才培养方案

将劳动观念、劳动能力、劳动精神、劳动习惯和品质培养贯穿于人才培养全过程,有组织、有计划、系统性地进行大学生劳动素养教育,尤其要为师范生开设与教学岗位相符的劳动教育课程。比如,将教育见习、教育实习等教学环节作为师范生的必修学分,从而提升师范生的教学技能。此次调查发现,60.82%的师范生表示学校目前还没有开设专门的劳动教育课程。

(3)积极组织师范生参加社会实践活动

陈宝生曾指出:"劳动教育具有鲜明的社会性,要求面对真实的生活世界和职业世界,以动手实践为主要方式,学会改造世界,在改造世界的过程中塑造自己,提升自身素养。"[1]开展丰富的实践课程,在实践中能够培养学生的劳动精神和劳动技能。[2]此次调查发现,23.82%的师范生表示所在学校没有定期组织学生参加社会劳动实践活动。鼓励和引导师范生利用寒暑假时间参加下乡支教、公益劳动、志愿服务等社会实践活动,强化师范生的社会责任感,帮助师范生习得满足生活与生产需要的最基本的劳动知识与技能。

(4)将劳动素养教育纳入高校思想政治教育体系,积极引导师范生树立正确的劳动价值观念

一方面,师范生需要加强对马克思主义劳动理论知识的学习,深刻理解和领会马克思主义关于劳动创造人、劳动促进人的全面发展等观点,努力提高他们参加劳动实践、提升劳动能力的自觉性和主动性。另一方面,通过对马克思主义劳动政治理论的学习,正确理解劳动是人类发展和社会进步的根本力量,劳动创造价值、创造财富、创造美好生活的道理,树立热爱劳动、崇尚劳动的观念,培养积极的劳动意识,内植劳动精神。

(5)建立科学的劳动素养评价方案,对师范生劳动观念、劳动能力、劳动精神、劳动习惯和品质等劳动素养发展状况进行综合评定

首先,师范院校应研发劳动素养监测评价平台,收集师范生课内外劳动过程和劳动成果数据,建立评价模型,让师范生从自己的劳动记录数据中不断强化热爱劳动的价值理念。其次,要将劳动素养考核成绩作为学校评优、奖学金评定、学生干部选拔、推荐免试研究生等的必备条件及毕业依据之一,以体现对师范生劳动素养的重视。最后,在评价方式上,将过程性评价和结果性评价有机结合,建立教师、同伴、家长、服务对象、实习单位等他评方式,健全和完善学生劳动素养评价标准、程序和方法,发挥评价的育人导向和反馈改进功能。

---

[1] 陈宝生.全面贯彻党的教育方针大力加强新时代劳动教育[N].人民日报,2020-03-30(12).
[2] 孙会平,宁本涛.五育融合视野下劳动教育的中国经验与未来展望[J].教育科学,2020(1):29-34.

2. 社会层面

(1) 丰富和拓展劳动实践场所,实现基本条件保障

地方教育行政部门要统筹规划和配置劳动教育实践资源,满足学校多样化劳动实践需求。充分利用现有综合实践基地等建立健全开放共享机制,特别是充分利用实习、见习学校的设施设备,为师范生劳动实践提供所需要的服务。同时,推动师范院校充分利用校内学习、生活有关场所,逐步建好、配齐劳动技术实践教室、实训基地,丰富劳动教育资源。

(2) 健全经费投入机制,加强协同配合

中央及地方政府要合理加大对师范院校劳动教育经费投入,加快建设校内劳动教育场所和校外劳动教育实践基地,加强学校劳动教育设施建设,建立学校劳动教育器材、耗材补充机制。教育行政部门要明确负责劳动教育工作的内设机构和岗位职责,研究制定劳动教育工作专项规划,落实各项政策措施,吸引社会力量提供劳动教育服务。

(3) 建立劳动素养教育督导评估与激励机制

首先,教育主管部门要加强对师范院校劳动教育实施情况的督查。把师范生劳动素养测评纳入教育督导体系,完善督导办法;对学校劳动教育开课率、学生劳动实践组织的有序性,教学指导的针对性,保障措施的有效性等进行督查和指导;督导结果要向社会公开,作为衡量师范院校劳动教育质量和水平的重要指标,也作为对被督导部门和学校及其主要负责人进行考核奖惩的依据。其次,建立健全劳动教育激励机制。在国家级、省级教学成果奖励中,将劳动教育教学成果纳入评奖范围,对优秀成果予以奖励;依托有关专业组织、教科研机构等开展劳动教育经验交流和成果展示活动,激发学生实践创新的潜能和动力;积极协调新闻媒体传播劳动光荣的思想,大力宣传劳动教育先进学校、先进个人。

3. 家庭层面

家庭要培育勤劳家风、培养孩子热爱劳动的优良品德。孩子在家期间,家长应鼓励孩子锻炼独立生活的能力,尽量不要代劳,让孩子掌握必备的生活劳动技能。在日常生活中,无论是男孩还是女孩,家长都要同等要求他们,帮助孩子养成良好的劳动习惯和品质。教导孩子自觉自愿、认真负责、安全规范、坚持不懈地参与劳动,形成诚实守信、吃苦耐劳、珍惜劳动成果的劳动品质。孩子在校期间,家庭要积极配合学校敦促孩子培养必备的集体生活能力和良好卫生习惯,自觉做好宿舍卫生保洁,独立处理个人生活事务,积极参加公益服务、下乡支教等社会实践活动。

附 录

郑州市管城回族区南曹小学"乐享耕读"具身型劳动课程体系开发[1]

郑州市管城回族区南曹小学 孙百灵

南曹小学根据国家劳动教育定位，以五育融合理念为指导，依托特色乡土资源，在"U（大学）-G（政府）-S（学校）"的协作模式下，构建了"乐享耕读"具身型劳动课程体系。这一课程体系包含"五行动"核心课程和"四美好"延展课程，形成了"百草共生"式动态评价，在全面提升学生劳动素养、引领学校特色发展、促进教师专业发展、带动区域劳动教育探索创新方面，发挥了积极的作用。

（一）乡土特色具身型劳动课程背景

党的十八大以来，习近平总书记高度重视劳动教育在立德树人中的重要作用，强调"要在学生中弘扬劳动精神，教育引导学生崇尚劳动、尊重劳动，懂

---

[1] 本劳动教育案例在笔者指导下完成。

附录　郑州市管城回族区南曹小学"乐享耕读"具身型劳动课程体系开发

得劳动最光荣、劳动最崇高、劳动最伟大、劳动最美丽的道理,长大后能够辛勤劳动、诚实劳动、创造性劳动"。习近平总书记的重要论述为构建新时代中国特色社会主义劳动教育模式,发挥劳动教育在立德树人中的重要作用指明了方向。2020年3月,中共中央、国务院印发《关于全面加强新时代大中小学劳动教育的意见》,就大中小学贯彻落实劳动教育进行了系统规划和全面部署。

长期以来,劳动教育存在着"在学校中被弱化,在家庭中被软化,在社会中被淡化"的突出问题。学生不想劳动、不会劳动、不珍惜劳动成果的现象较为普遍;学校方面在一定程度上存在着对劳动教育育人功能认识不到位、劳动教育工作机制和评价体系不健全等情况。对于做好新时代劳动教育,学校发挥着至关重要的作用,必须围绕立德树人这一根本任务,聚焦全人员、全过程、全方位育人,促进学生德智体美劳全面发展。

南曹小学是一所典型的农村学校,周围有着大片的农田及果园,学生家长普遍有着多年的劳动经验。目前,学校周边正处于城中村改造和发展的黄金期,各种现代农业园区、工业园区相继出现,学生既可接触传统农业,又能感受现代工业、农业的发展。这些为学校开展多层次、多领域、多主题的劳动教育提供了丰富的"养料"。

为深入落实劳动教育,南曹小学在"做富有生命力的绿色教育"的办学理念引领下,探索了与学校"春草文化"有机结合的劳动育人新模式,使学校文化与特色劳动课程充分融合,充分发挥劳动教育在全面育人中的突出作用。在这一思路的指引下,学校探索建设了"乐享耕读"具身型劳动课程体系。"乐享"旨在让学生体验劳动的快乐,享受劳动的乐趣;"耕读"就是让学生在劳动中学习,在学习中劳动。这一课程体系注重五育之间的有机融合,注重在劳动教育中充分融入德、智、体、美,强调既要丰富学生的知识,又要锻炼学生的动手实践能力和创造能力,更要培养学生的品德与毅力,同时也传承中华耕读文明,最终解决"有劳无育"或"有育无劳"的五育背离这一突出问题。"乐享耕读"具身型劳动课程体系与学校的文化课程、学科课程、校本课程、德育课程等共同构成了一个育人的大课程体系。

(二)"乐享耕读"具身型劳动课程目标

该校立足"向阳向善,蓬勃有为"的学生发展目标,结合"健康的体魄,高尚的品格,乐观的生活,合格的学业"的育人目标,根据学校师资配置、教学设施、环境资源,紧紧围绕培养学生劳动素养这一核心,由国家课程、校本课程作支撑,打破常规协作方式,借助UGS三种力量落实"五育并举,融合育人"的目标,创设"全人教育"的大环境,形成劳动教育的运行机制,最终实现"以劳树德、以劳增智、以劳健体、以劳尚美、以劳促创"的劳动教育目标。为此,学校确定了以下"乐享耕读"具身型劳动课程体系目标。

1. 劳动意识的启蒙

让学生感知劳动乐趣,知道人人都要劳动。尊重劳动是基础,热爱劳动是重点,辛勤劳动是关键,幸福劳动是最高的价值追求。

2. 劳动知识技能的掌握

加强对学生劳动知识和能力的培养,逐步掌握基本的生活技能和劳动技术,提高自我认知能力。

3. 劳动习惯的养成

让学生参加日常生活劳动、生产劳动和服务性劳动,养成独立自主、服务他人、与他人合作、探索创造性劳动的好习惯,体会到劳动带来的幸福感和成就感。

4. 劳动品质的提升

让学生动手实践,出力流汗,接受锻炼,磨炼意志,培养学生正确的劳动价值观和良好的劳动品质。

5. 劳动精神的培养

体会劳动创造美好生活,体认劳动不分贵贱,热爱劳动,尊重普通劳动者,培养勤俭、奋斗、创新、奉献的劳动精神,培养学生成为"乐奉献勇担当,勤动手善创造,祛娇气能吃苦,爱生活会自理"的有为少年。

(三)"乐享耕读"具身型劳动课程体系构建

学校按照"乐享耕读"课程体系目标,以劳动实践、劳动探究、劳动创造为抓手,构建了"五行动"核心课程和"四美好"延展课程,从而培养学生劳动知识、劳动技能、劳动品质、劳动习惯和劳动创造,全面提高劳动素养。

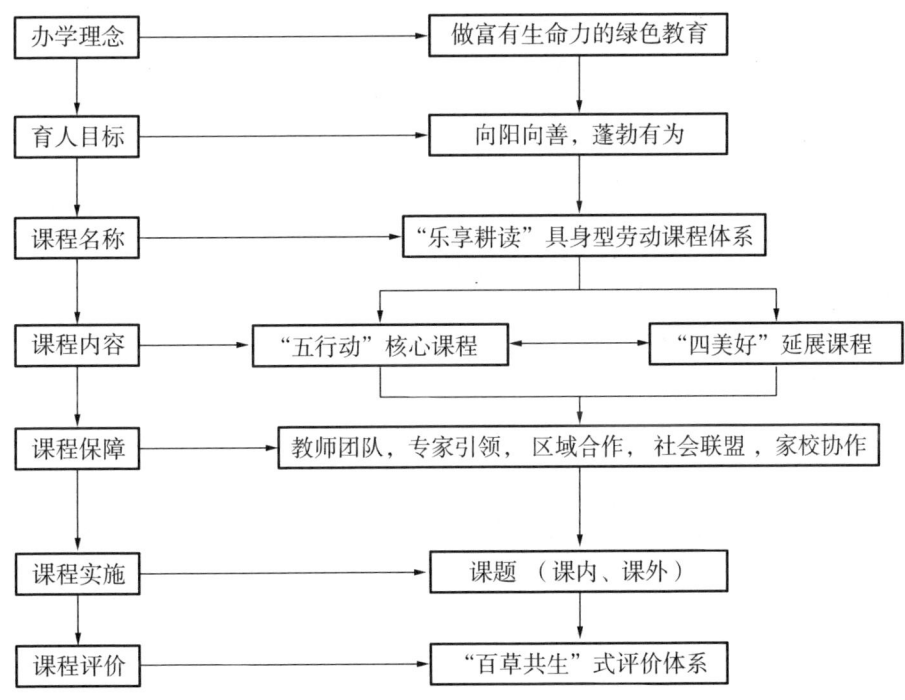

图1 "乐享耕读"具身型劳动课程体系

五育融合:重构劳动教育

1. "五行动"核心课程

(1) "大家园,小当家"家务生活行动课程群

"大家园,小当家"家务生活行动课程群让家务劳动常态化。家庭是唤醒儿童劳动意识的首要场所,是劳动教育的起点,也是劳动教育的归宿。学校根据学生的年龄特点和学科知识水平,开展了不同主题的家园劳动实践活动(表1)。这些课程让学生充分体验不同的劳动经历,理解父母的辛苦付出,增强了学生对自然、生命和劳动意义的认识。

表1 "大家园,小当家"家务生活行动课程群

年级	上学期		下学期	
	主题	活动名称	主题	活动名称
一年级	餐前碗筷我来摆	餐具博览会	玩具总动员	玩具妙妙屋
		碗筷摆摆乐		玩具寻亲记
		餐具巧设计		变废为宝
二年级	清洗大作战	家务数来宝	迷你衣橱	"橱"来乍到
		快乐洗刷刷		"衣"部到位
		清洗小分队		"橱"类拔萃
三年级	果蔬联盟	化装舞会	洗衣机总动员	洗衣机小咖秀
		水果忍者		翻滚吧!洗衣机
		营养大师		晾晒三十六计
四年级	电饭煲的N种用法	电饭煲的前世今生	扣子的奇思妙用	妙手缝扣
		巧用电饭煲		花式缝扣
		厨房电器知多少		玩转纽扣
五年级	巧做手提袋	漂亮的手提袋	厨房大作战	清理厨房
		手提袋制作		分区域清理
		我的作品		日常维护
六年级	"智"理冰箱	冰箱的演变	家庭支出	家庭收支知多少
		冰箱的整理		家庭收支明细
		冰箱小百科		理性消费

在实施的过程中,老师会对家长提出具体要求。对于孩子的家务劳动,家长既不能撒手不管,也不能抓住不放;要充分发挥家长劳动的传、帮、带的作用,引导孩子掌握正确的劳动知识和技能,培养劳动习惯和态度;让孩子通过劳动理解父母的辛苦付出,让劳动价值和劳动情感在亲子劳动中放大。

自本课程开展以来,孩子们的眼里越来越有活儿了。孩子以日记的方式记录了他们在劳动过程中的心得体会。在一次次的劳动过程中,他们锻炼了自己的多种能力,比如动手、动脑、与人分享的能力,也从中感受到别样的乐趣。孩子更加懂得坚持的可贵,明白了不怕苦、不怕累、不怕脏的劳动品质,知道了自己作为家庭成员所应承担的责任,成为一个懂事的孩子,尽自己的能力去分担家庭的责任。

(2)"大校园,小主人"责任岗位行动课程群

"学堂练技"让校园劳动责任化。学校打破班级、年级之间的壁垒,大力开展"人人都有小岗位"责任区活动(表2)。学校按照空间区域划分成各个班级的劳动责任区,每个班又给每个学生划分自己的责任区,让学生时常保证自己区域内干净、整洁。从班级的生活需要出发,设置多样的班级责任岗,开设有午餐小助手、卫生监督员、文明监督员、班主任小助理等岗位,使学生不仅学会自理、自立,更能够有责任、有担当、有成长。

我们利用校园多方位、多岗位、多职位的特征,从学生生活需要出发,大力推行"人人都有小岗位"责任岗课程。孩子们根据自己的喜好选择自己的岗位进行体验。每逢劳动周,孩子们会带上自己的"乐享岗位"劳动手册,边体验边记录,兴致勃勃地给他人分享心得,传授经验,久而久之形成了珍贵的"岗位体验微课程",校园也因责任而美起来、亮起来。比如,冬天来了,孩子们把自己承包的花坛里干枯的花草清理出去,种上了绿油油的油菜和越冬蔬菜;学校门口的毛主席请示台原来是村民"撒欢"的地方,垃圾遍地,大小便随处可见,经过六三班学生的包干,毛主席请示台前常年花草盛开,变美丽了,变干净了。

五育融合:重构劳动教育

久而久之,孩子们形成了自己的事情自己做,集体的事情抢着做,不会的事情学着做的劳动氛围。

表2 "大校园,小主人"责任岗位行动课程群

年级	上学期		下学期	
	主题	活动名称	主题	活动名称
一年级	我的书包我做主	书包王国	小清扫大用途	打扫工具T台秀
		文具"嘻游"记		垃圾追捕战
		包罗万象		奇思妙妙屋
二年级	桌椅变身记	桌椅变身记	人人都有小岗位	小岗位大责任
		小桌椅,大发现		小岗位立大功
		百变教室		小岗位大梦想
三年级	校园保卫战	寻找"垃圾大王"	校园美化师	你看起来真好看
		垃圾消消乐		猜猜我有多爱你
		胜利者荣耀		其实世界很美丽
四年级	花卉种植园	常见花卉知多少	校园除雪记	冰雪形成记
		种植花卉的工具和方法		清除冰雪的工具和方法
		谁是种花小能手		冰雪运动挑战赛
五年级	校园消毒	消毒的重要性	绿地管理	认识校园植物
		消毒用品及其使用方法		管理校园绿地
		校园消毒		设计绿地模型
六年级	我的班级我做主	动动脑筋,奇思妙想	管理阅览室	阅览室之知
		挥起小手,美化班级		阅览室之行
		你贴我画,共建乐园		阅览室之美

(3)"大田园,小农夫"田园实践行动课程群

"田园拾趣"让田园劳动多样化。学校克服重重困难,在区域内率先建立了"耕乐园"劳动教育实践基地,确立了"在玩中学,在学中思,在思中创"的项目化学习任务(表3)。

教师遴选劳动内容,融合语文、数学、道德与法治、科学等学科形成劳动课程群,着重培养学生的劳动观念和劳动态度。这些临时生成的课程,不仅打破了学科的界限,更落实了学校"生活—生成—生长"的课堂理念,真正做到从做中学,从学中创。学校开设了"同耕同乐""七彩耕作""田园寻宝""精灵物语""扎篱笆"等活动,设置了"播种节""采摘节""义卖节""美食节"等节日活动,设计了"餐具博览会""餐具巧设计""变废为宝""清洗小纵队""蔬果联盟""百变工具箱"等一系列特色内容,锻炼了学生的技能,培养了学生良好的劳动习惯和劳动态度。

表3 "大田园,小农夫"田园实践行动课程群

模块	主题	举例	适合年级
春播	农具百宝箱	你认识哪些农具? 它们有什么作用? 怎么使用和养护农具?	低中年级
	春播正当时	什么农作物是在春天播种的? 怎样播种才能使庄稼苗壮成长? 播种后如何进行管理?	低中高年级
	农作物巧辨识	我们北方适合种植哪些农作物? 这些农作物有哪些特点? 怎样区分外形相似的农作物?	低中年级
夏种	耕乐园养护	篱笆有什么作用?如何计算所用竹竿的数量? 怎样扎篱笆才能使它更稳当、更美观?怎么扎活动篱笆门?	中高年级
	守护耕乐园	耕乐园里的农作物存在什么问题? 如何保护耕乐园里的农作物? 如何扎稻草人?	中高年级
	"智"浇耕乐园	怎样科学判断耕乐园里土地是否缺水? 浇地需要哪些工具?怎样浇地? 如何浇地成本才会更低?	高年级

(续表)

模块	主题	举例	适合年级
秋收	欢乐采摘节	怎样判断各种蔬果是否成熟？ 应该如何采摘不同的农作物？ 怎样科学合理地设计采摘节活动方案？	低中高年级
	果实巧制作	常见果蔬的食用方法有哪些？ 制作这些美食需要使用哪些工具？ 如何创造性地加工萝卜、红薯？	低中高年级
	金牌卖菜郎	如何给各类蔬果定价？ 怎样吸引顾客？ 怎样称重、计算价钱、收钱找零？ 怎样合理地设计活动方案？	低中高年级
冬藏	守护越冬蔬菜	耕乐园冬季蔬菜都有哪些？ 气温对蔬菜有哪些影响？ 怎样保护这些蔬菜？	中高年级
	果实深加工	你会哪些果实深加工的方法？ 为什么要对果实进行深加工？ 如何腌制萝卜干和制作干豆角？	中高年级
	土地养护	耕乐园的土壤中有哪些养分？ 对土壤的保护方法都有哪些？ 怎样科学处理废弃秸秆？	高年级

在田园劳动课上，三年级的"金牌卖菜郎"主题活动很有深意。教师把学生分成若干组，给各组分配不同的实践任务。小组成员通过市场调查、请教售货员、查阅资料，明白了怎样给各种蔬菜定价，怎样吸引顾客，怎样称重，怎样计算价钱，怎样收钱、找零钱等。经过一番售卖，何同学将卖萝卜、青菜所得的46.5元钱交给班主任时感叹道："没想到这么多菜，卖了俩小时才挣了这么点儿钱，我一顿西餐就要一百多。下次可不能再这样花钱了，挣钱好难呀！"

如今，耕乐园还为孩子们提供了一间可以自由发挥的教室。在耕种劳动实践中，孩子们通过出力流汗，认识到了劳动的价值，学会了珍惜劳动成果，节约每一粒粮食，劳动精神和劳动品质得到了锤炼。

(4)"大社会,小工匠"职业启蒙行动课程群

"乐享岗位"让职业劳动共情化。劳动的目的就是要回归社会,服务社会,为社会创造更大的价值。学生通过走访各行各业人士,采访行业精英,增进对不同行业的认识,树立人人都能通过劳动改变世界的远大志向(表4)。

低年级学生走进职业体验馆,体验消防员、警察、银行职员、模特、医生、邮递员、厨师等百种职业,让孩子大开眼界,编织美丽的梦想,为未来的自己播下美好的种子。中年级学生开展了"访三百六十行,行行有状元"活动,孩子们走

表4 "大社会,小工匠"职业启蒙行动课程群

年级	上学期		下学期	
	主题	活动名称	主题	活动名称
一年级	护队小天使	超能路队长	校园小警察	文明在童心
		护队三十六计		警察总动员
		伴你同行		欢乐文明屋
二年级	护花小使者	含苞欲放习职责	环保小卫士	千寻千尘
		蓓蕾初绽润童心		保洁魔法师
		百花齐放拓眼界		环保创意秀
三年级	小精灵护卫队	超级卫士	天使之声	探秘直播间
		能量守护		闪亮新主播
		和平守卫者		精彩一瞬间
四年级	时光信使	快递哪家强	小小义卖家	火眼金睛
		让快递飞一会		萝卜"卖身"
		我想对你说		金牌卖菜郎
五年级	交通协管员	中华路口学协管	金牌讲解员	了解讲解员
		校门拥堵我来疏		学写讲解词
		疏导交通我能行		金牌讲解员
六年级	"慧"当调解员	调解员知多少	逐梦设计师	设计师知多少
		争做班级调解员		我的班服我设计
		让矛盾笑着离开		班服设计大赛

进各行各业,了解它们的工作性质,见证不同劳动者通过劳动产生的价值,在不同劳动岗位上的智慧和担当。高年级学生邀请劳动模范和先进人物登上国旗台,在五星红旗下倾听感人的劳动故事,感受工匠精神,感悟劳动的艰辛,体会对不同行业劳动的自豪感,心怀对劳动创造美好生活的憧憬。在与不同职业人员的接触中,学生对不同职业产生了敬重之情,懂得了劳动人民的伟大,学会了尊重不同职业的劳动者,在成人和成事中慢慢长大。

(5)"大智慧,小创客"创造生长行动课程群

"智慧生长"让创造劳动个性化。劳动本身就是一种创造,创造本身又是一种劳动。在融合各科知识的前提下,避免机械重复的劳动,鼓励学生在劳动中创造,促进手脑并用,体会劳动新形态,在创造中享受劳动带给自己的美好和幸福(表5)。

学校通过手工课、技术课、实验课、编程课等创客教育,让学生在学中做,做中创。在创造性的劳动中,培养学生的想象力、创造力和解决问题的能力。低年级以劳动实践(体验)为主,开设手工编织、蛋雕、团扇、草编、面塑、多彩太空泥等课程内容;中年级以劳动探究为主,融合各学科知识开设"农耕探险""植物博识""科学工坊"等耕乐园特色课程;高年级以劳动创造为主,开设"电脑编程""植物深加工""飘香厨艺"等课程。不仅如此,孩子们还用红薯藤做成跳绳,用棉花壳做成工艺画,用萝卜缨做包子,还制作了树叶粘贴画等,充满创意的作品和精细的制作手法真的让人大饱眼福。

孩子们天生就充满好奇心,喜欢问各种问题。我们的创造生长课程深受他们的喜爱。在二年级学生做气球火箭实验中,他们亲身投入、探索和尝试,并得出结论。这种自主式的探索学习极大地促进了孩子们对科学的兴趣。气球火箭发射升空时,孩子们脸上洋溢着开心的笑容,实验不仅提高了学生动手操作的能力,而且增强了他们的合作精神和探索精神。

附录　郑州市管城回族区南曹小学"乐享耕读"具身型劳动课程体系开发

表5 "大智慧,小创客"创造生长行动课程群

年级	上学期		下学期	
	主题	活动名称	主题	活动名称
一年级	芽芽的一生	你好!豆芽	蔬菜趣味多	谁是你的"菜"
		味道工坊		蔬菜宝宝不寂寞
		我的豆芽日记		我是"颜值"小达人
二年级	创意插花	植物百花园	小实验　大课堂	瓶子赛跑
		花瓶巧制作		筷子神功
		妙手生花		气球火箭
三年级	缤纷的剪纸	剪纸的花花世界	百变沙包	沙包的前世今生
		剪纸小能手		沙包变变变
		作品展览站		沙包大比拼
四年级	五谷绘童心	走进五谷画	锦囊寄语	解囊相助
		五谷画制作方法		香囊手作
		五谷工艺品		倾囊致园
五年级	嗨,萝卜干	我与萝卜相遇	梦想旅行家	选择目的地
		萝卜水浴		为旅行做准备
		萝卜奇变身		设计旅行攻略
六年级	花式缝补的前世今生	刺绣与花式缝补	头饰巧制作	头饰妙工坊
		花式缝补初体验		丝带变变变
		创意刺绣DIY		巧手总动员

2."四美好"延展课程

劳动教育的实施既需要显性化课程,又需要隐性化课程。为此,学校在"五行动"课程的基础上,积极拓展劳动教育空间,将学校建筑、学生日常活动、学校各类仪式等充分融入劳动教育元素,构建"四美好"延展性课程,形成全纳式劳动育人场景,使学校的每一个角落、每一个空间都弥漫着劳动育人的气息。

(1) 美丽长廊·润德课程

学校在楼梯处设置了劳动文化长廊，分为"劳动之知""劳动之行""劳动之美"三个部分，以此来普及劳动知识，记录劳动足迹，讴歌劳动人物。"知"是劳动知识和技能，涵盖了传统劳动工具和现代劳动工具的对比、农产品加工和职业认识三个方面，提升学生对劳动的认知；"行"讲述了学生、老师和家长的劳动故事，透过精彩的劳动镜头展现师生和家长辛勤劳作的身影，以及收获果实时灿烂的笑容，激发学生劳动的热情，让他们懂得劳动的艰辛和甜蜜；"美"是劳动人物之美，记录了国家、地方和校级劳动模范，给学生树立劳动最光荣、劳动最美丽的理念。

为了充分发挥文化育人的作用，学校倡议全体教师创编劳动格言，评选出具有儿童特征且有教育意义的格言，并张贴在醒目位置，如"花开果树红，劳动最光荣""双手大脑都是宝，越干生活越美好""大眼看世界，小手创未来"等。劳动文化长廊让学生在学校和耕乐园都能感受到劳动文化氛围，成为厚德育人的有效载体。

另外，二十四节气是指导农事的补充历法，与农业种植有着极其重要的关系，也是劳动文化的重要组成部分，因此学校在耕乐园篱笆上制作出了以二十四节气及其注解为内容的文化栅栏，让学生随时可以了解、掌握节气与种植的关系，丰富学生劳动知识，提高学生劳动素养。

(2) 美雅课间·润体课程

为了把劳动教育更好地融入五育当中，研发小组团队敢于挑战，勇于创新，带领体育、音乐、美术和数学老师研发了劳动特色阳光大课间。音乐老师挖掘了1~6年级12册音乐教材里有关劳动的歌曲，融入体操、拖地、洗碗、挑水、插秧等动作，创编了一套独具特色的劳动操。整套劳动操分为星光亮相会、奔跑吧少年、田间小蜜蜂、生活小达人、身心舒缓操五部分。体育老师根据学生的年龄特点和日常劳动能力，巧妙设计了具有挑战性的劳动竞技游戏。

低年级学生整理书包、中年级学生叠衣服、高年级学生挑重担,融生活劳动技能和锻炼身体于一体。这样的大课间是极具特色的课程,丰富了孩子们的课间生活,让孩子们的身心都得到发展,实现了以劳强体、以劳育美、以劳树德的目标。

(3) 美好仪式·润心课程

学校大力开展节日仪式劳动课程(表6)。开发了新生入学仪式、升旗仪式、校本课程启动仪式、劳动课开班仪式、聘请仪式、春播仪式、表彰仪式、秋收

表6 南曹小学节日仪式劳动课程

主题	内容
新生入学仪式	一年级的"芽芽们"在家长和老师的带领下开辟一块"新生田",把六年级哥哥姐姐留下的种子亲手种在耕乐园,并用图画记录种子的生长过程
升旗仪式	在每周一的升旗仪式中,师生自编自演劳动情景剧,朗诵劳动诗歌、劳动模范人物的演讲
校本课程启动仪式	学校以年级为单位,开设三十多门课程;学生根据个人兴趣,填报自己心仪的劳动课,进行走班上课
劳动课开班仪式	学生利用每周延时服务时间学习劳动相关内容
聘请仪式	聘请耕乐园"田主"、劳动技术员、各班责任田的管理负责人、劳动课程专家顾问,组建劳动研发团队等
春播仪式	划分各班责任田位置,分配种植品种,安排春种事宜
表彰仪式	五一劳动节前夕,举办各种劳动技能比赛,表彰校园"小劳模"
秋收仪式	学生利用各种题材,自编自导,把秋收后的喜悦在舞台上展示出来,还原摘辣椒、拔萝卜、挖红薯、摘棉花等秋收劳动场面
毕业仪式	每一个毕业生,在毕业仪式上为学弟学妹留下种子,留下希望,留下祝福

仪式和毕业仪式等课程主题,把劳动活动和劳动精神融入其中,让孩子们通过庄严的仪式感受劳动带来的成就感和自豪感,从而激发学生对劳动的热爱和尊重,增强对劳动的内生力和内驱力。

例如,六年级孩子在毕业仪式上设计了"留下种子"这一环节,把各种植物的种子留给一年级新入学的学弟学妹。新生入学仪式上,一年级新生会在爸爸妈妈和老师的带领下把收到的种子种到耕乐园,意为和新生命一起成长。这样的仪式不仅传承了友谊,也传承了劳动精神和劳动品质。学生感受着劳动的美、劳动者带来的美,演绎着精彩的劳动故事。学校把国旗下的演讲与劳动教育主题活动相结合,中队辅导员结合传统节日或感恩、爱国等主题活动,提前一周带领队员精心准备,通过演讲、歌舞、相声等形式开展主题教育。国旗下的演讲成了队员展示自我的舞台:师生创编出劳动诗词飞花令、劳动工具讲解等,在升旗仪式中向全校师生展示。学生劳动模范和社区先进人物也受邀上国旗台讲述他们的劳动故事,充分发挥在国旗下演讲的育人功能,使其成为学校德育工作的重要阵地。学生在多形式的演讲中受到了全方位教育,感受爱国情怀、工匠精神,感悟劳动的艰辛和磨砺,感受劳动的光荣,产生对劳动创造美好生活的憧憬,在心中埋下一颗颗美好品质的种子。

(4) 美妙展馆·润智课程

2020年暑期,学校号召全体师生利用暑假开展"劳动工具大寻访"活动,建立了"劳动工具展览馆"。全体师生深入边远农村,收集了耕作、播种、灌溉、收获、加工等多种传统劳动工具240件。传统农具曾是农业生产中必不可少的重要工具,为了让孩子们了解传统农具的变迁,认识到劳动的不易和价值,学校及时组织师生开展"劳动工具博览会"。师生全程参与工具的分类、名片的制作及其用途的讲解。如今,这些"老物件儿"已经收藏在学校展览馆中。它们承载着历史的印记,它们是劳动人民勤劳与智慧的结晶,也传承着先辈们吃苦耐劳的优秀品质。学校劳动工具展览馆吸引了周边村民的眼球,得到了主流媒体的高度关注,获得了社会的高度赞誉,成了我校一道靓丽的风景线。

(四)"乐享耕读"具身型劳动课程实施

1. 实施途径

我校以两项省级课题为导向,努力探索劳动课程的实施途径。在学科专业中有机渗透劳动教育,在校外活动中安排劳动实践,在校园文化建设中强化劳动文化。

学校深入落实国家关于劳动教育的意见,综合考虑劳动场所、师资力量、学生意愿,抓住课内和课外两条路径,让劳动课程内容得到落实。课内,我们主要落实每周一课时的劳动课程、每周两课时的劳动实践选修课及"耕乐园"劳动实践基地的延时课。课外,我们通过家园、社园、田园三园联动,拓展劳动途径,丰富劳动内容,创新劳动形式,形成一个协同育人的共同体。

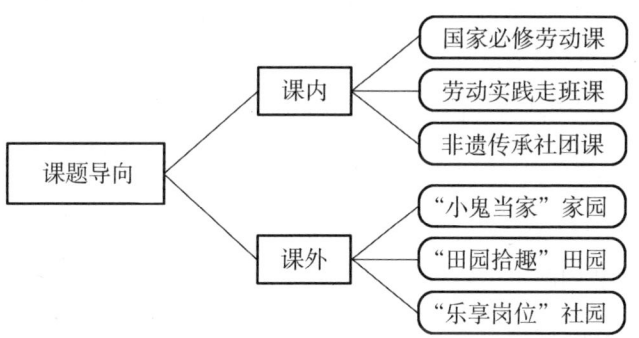

图2 "乐享耕读"具身型劳动课程实施途径

2. 实施形式

(1)学校借助"耕乐园",开展"互助探究"式学习

学校利用"耕乐园"独特的劳动育人功能,带领学生在劳动基地中进行探究。在三位技术员的指导下,孩子们认识了锄头、铁锹、铲子、镰刀等常见的劳动工具,并熟练掌握它们的使用方法。孩子们利用不同时节进行耕种劳动实践,并用科学的态度进行观察、比较、分析,尝试写实验报告,在老师的指导下通过记录、写话、诗歌、绘画等形式记载对耕乐园的喜爱。孩子们在浇水的过程中学会了计算电费,在扎篱笆的过程中学会了创意设计,在采摘的过程中学会了攀爬,在义卖果实的过程中学会了与人沟通,在加工美食的过程中学会了节俭,在分享的过程中学会了谦让。

(2) 融合学科知识,开展"实践探究"式学习

问题是项目化学习的核心,从问题出发,融合语文、数学、英语、科学、体育、音乐、美术等各学科知识,生成"实践探究"式的项目化学习任务,让学生行动起来。问题的切入点要小,且都是真实存在的,这样能让学生对所研究的小项目产生浓厚兴趣,充分调动团队成员的积极性,养成多观察、善思考的好习惯。

劳动项目研究时长灵活,项目难度有弹性。大多数项目只需几天即可完成,也有一些项目值得学生长期追踪研究,从而收获自己的发现;低年级学生可以尝试挑战这些项目,高年级学生也能从中找到劳动乐趣,培养新的劳动技能。例如,我们在"乐享农耕"劳动实践课上,按季节分为四个学习模块(春播模块、夏种模块、秋收模块和冬藏模块)。围绕这四个模块,设计了充满童趣、代入感十足的项目化学习任务。在这个过程中,学生发现问题和解决问题的能力、合作能力和创新精神均得到了良好的发展。

(3) 借助多种力量,开展"多元协同"式学习

我校融合多元主体力量,对全体家长开展了调研、走访和意愿征集,邀请家长利用每天下午的延时服务时间,定期走进学生的劳动课堂授课。我们聘请三位种田能手作为劳动技术指导员,确保劳动课程和劳动实践稳步推行;聘请了多位中国传统艺术传承人作为学校特色劳动课程授课教师,增强劳动课程的趣味性和创造性,增加劳动课程的深度,提升劳动课程的品质。

在"少讲授、多探究、重实践"的课程实施原则下,学校积极发挥主导作用,教师做好劳动教育的各项安全、流程、技术内容的讲授,在校内进行开放性校园劳动,把课堂设置在每个校园劳动的现场,让学生进行自主探究。通过劳动

课程,帮助儿童捋顺内在生长逻辑,打通个体生长路径,让儿童能够真正地自然生长。

3. "百草共生"式劳动素养评价体系

我校"乐享耕读"劳动课程评价体系关注每一个学生的全面发展、持续发展和终身发展。目前我们的评价方式有两种:一种是常规评价,另一种是创新评价(图3)。

(1) 常规评价

学校利用"百草兑兑吧"评价平台,把劳动教育纳入积分管理,建立积分评价制度。教师依据学生在劳动课和劳动活动中的表现奖励学生不同的积分,并将积分公示在班级"百草竞绿"积分榜上。10个积分可兑换一个四叶草章(四叶草是学校校徽图案),10个四叶草章再兑换成1枚百草币,学生用一定数量的百草币可在学校"百草兑兑吧"兑换喜欢的奖励。除此之外,我们对优秀学生的评选由"四好"变"五好",通过对德、智、体、美、劳五个方面的综合评价,增强学生劳动意识,提升学生劳动素养,更好地促进学生五育并举,全面发展。

(2) 创新评价

学校正在进一步探索创新劳动教育评价方式,构建"生长勋章+收获证书"评价方式。我们根据耕乐园蔬菜的生长期,分别设计了种子勋章、芽芽勋章、苗苗勋章和果实勋章。教师在每次劳动课或劳动活动后,在学生劳动评价手册上盖上相应的奖章。学生累积的奖章可换为勋章,集齐四个勋章可获得一张收获证书,还可以带领自己的父母到耕乐园树主人牌,收获自己喜欢的蔬菜。这种"生长勋章+收获证书"的评价方式是一种进阶式的评价形式,能充分地调动学生参与评价的积极性和主动性,让评价效果增值,还能让学生体会与植物共成长的蓬勃力量,同时也是我校"春草"文化的美好诠释。

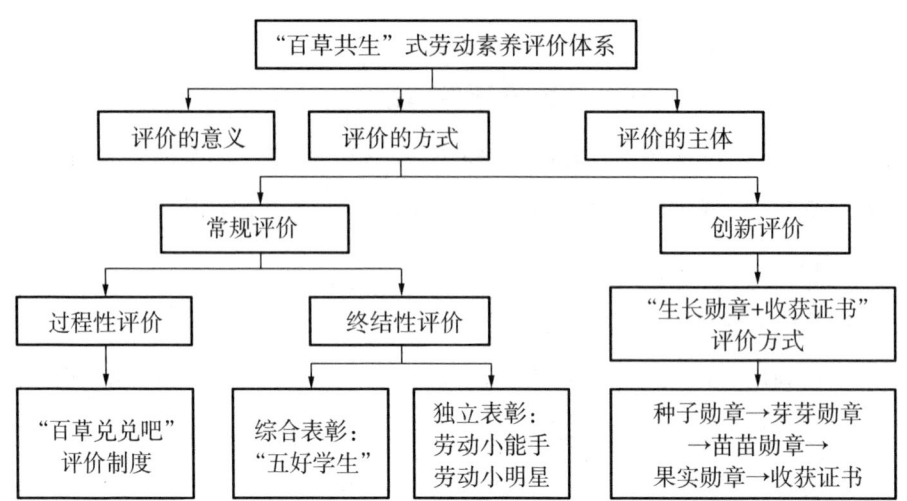

图3 南曹小学"百草共生"式劳动素养评价体系

4.课程保障

(1) 领导组织保障

建立有效的组织管理网络,明确职责,保障课程管理的顺利进行。德育处负责活动安排、标准制定、目标检测考评、违纪情况统计通报;后勤处负责物资保证、工具发放和回收;年级组负责督促、协助各班按要求开展好劳动教育课,对各班劳动情况进行评估并计入班级考评,组织本年级科任教师接受劳动课的指导;班主任分配落实责任,督促、指导学生进行劳动保洁,评价每个学生的劳动情况,并计入个人操行评分。

(2) 制度体系保障

每学期的劳动技能和劳动养成教育必须有计划,有总结,有活动记录。建立学校、家庭、社区三结合的教育网络,充分利用校信通、家长学校等渠道,加强学校与家庭的联系,实现课内课外、校内校外相结合,共同培养学生的劳动养成教育。

(3) 劳动资源保障

每月安排至少两次劳动社会实践活动,争取一周一次,尽可能不占用教学时间,充分利用双休日或节假日时间。

劳动教育与校园环境卫生和校园美化相结合,实行楼道等公共区域各班大包干,并明确班级及个人职责。学校周围有农业、工业、家具制作等领域的实践基地,要充分发挥这些实践基地的教育作用。

(4) 课程指导保障

课程团队:立足实际,学校成立了以孙百灵校长为组长的劳动教育工作领导小组,精挑12位骨干教师成立劳动教育课题研发小组;王慧灵副校长牵头统筹安排劳动教育各项工作,全面推进整体队伍向前发展;学校推选刘改英、王红霞、李英三位教师作为"耕乐园"实践基地的"田主"。各科教师全员上阵,全程参与,既是劳动课程的开发者,又是劳动课程的实施者。学校通过上述努力,打造全员参与的劳动育人"共同体"。

专家引领:学校坚持"走出去,引进来"策略,通过积极联络,得到了北京师范大学、华东师范大学、河南大学教育科学院的鼎力支持。学校聘请了北京师范大学楚江亭教授,华东师范大学宁本涛教授,河南大学李桂荣教授、王慧君教授、姚松教授组成专家团队,共同参与学校劳动教育相关主题的研究与实践指导。

行政支持:学校加强与区教研室等相关部门的联系,在总体思路、资源引入、课程架构等方面,得到了区教研室的大力支持。

总体来看,学校以自身强烈的发展愿望和不懈努力为契机,立足自身实际,发动一切可以发动的力量,突破常规的"U-G-S"协作方式,初步形成"U(大学)-G(政府)-N(社会力量)-F(家庭)-S(学校)"劳动教育联动发展统一阵线,齐奏学校劳动教育发展"共鸣曲"。

(五)"乐享耕读"具身型劳动课程实施成效

(1) 让每一个学生在融合劳动育人中成长

教育孩子从小热爱劳动,就是为孩子的人生道路创造一个良好的开端。劳动教育不仅可以培养孩子的生存技能,而且可以锻炼他们的意志,为他们将来立足社会打下基础。劳动教育作为学生成长的"基础课""必修课",积蓄了学生成长、成才的关键力量。在劳动过程中,学生树立了辛勤劳动、热爱劳动、创造性劳动的观念,懂得了劳动最光荣、劳动最崇高、劳动最伟大、劳动最美丽的道理,养成了独立自主、服务他人、与他人合作、探索创造性劳动的好习惯,体会到劳动带来的幸福感和成就感。

(2) 让每一位教师在融合劳动育人中改变

在探索劳动课程的过程中,教师已具备了开发劳动课程的能力;在实施劳动课程的过程中,教师已学会结合实际教学环境和课程资源,采用项目化学习、探究式学习、混合学习、深度学习等方式来推进教学。他们的劳动融合素养有了显著提升,有力地保障了劳动教育落地生根。

(3) 让学校在终身劳动育人中发展

"乐享耕读"具身型劳动课程体系的建立让学校在劳动教育方面取得了阶段性的显著成果。在刚刚过去的第二届全国"五育并举,融合育人"成果交流会上,我校"跨界融合"式劳动课程体系得到专家的一致认可。作为郑州市"十三五"优秀教育成果,该课程被省内20多家媒体报道。在这个过程中,学校的知名度和认可度也不断提升,并为其他学校提供了可推广、可借鉴、可复制的蓝本,并在2020年郑州市劳动教学成果评比和2021年郑州市优秀劳动案例评比中均获得可喜成绩。近阶段,学校劳动课程体系已成为区域内劳动教育的一种范式,得到了区域领导的高度重视,引起了同行的高度关注,促进了周边学校劳动教育的发展。我校与周边的郑州市管城回族区第六中学、郑州市第二十九中学结为劳动教育联盟校,共同探索12年贯通式劳动教育途径,实现劳动教育的新突破。

总而言之，"乐享耕读"具身型劳动课程体系让师生在劳动教育的场域之中尽情"舞动"，感受、享受劳动之"美"。学校在创建和实施乡土特色劳动课程的过程中，以劳动教育引领和带动了学校特色化发展，实现了通过劳动教育体系的重构，带动了学校教育生态的良性发展。

展望未来，学校始终坚信"劳动能唤起人的创造力"，并将继续拓宽教育渠道、整合教育资源，探究更为有效、有趣的适宜化表现方式，促进"五育融合"在多重合力下发挥实效。在实践和探索的道路上，学校还有着很多盲点和困惑，但会在"五育融合"的劳动教育新途径中不懈探索，努力深耕，在新时代劳动教育的育人机制方面贡献自己的一份力量。